Conjunções e Disjunções

Coleção Debates
Dirigida por J. Guinsburg

Equipe de realização – Tradução: Lúcia Teixeira Wisnik; Revisão de texto: José Bonifácio Caldas; Revisão de provas: Plinio Martins Filho e Vera Lúcia Bolognani; Produção: Ricardo W. Neves e Sergio Kon.

octavio paz
# CONJUNÇÕES E DISJUNÇÕES

 PERSPECTIVA

Título do original
*Conjunciones y Disjunciones*

Copyright © Editorial Joaquín Mortiz, S.A.

CIP-Brasil. Catalogação na Publicação
Sindicato Nacional dos Editores de Livros, RJ

P368c
    Paz, Octavio, 1914-1998
        Conjunções e disjunções / Octavio Paz ; tradução Lúcia
    Teixeira Wisnik. - 1. ed., reimpr. - São Paulo : Perspectiva,
    2018.
        136 p. ; 21 cm. (Debates ; 130)

        Tradução de: Conjunciones y disjunciones
    ISBN 978-85-273-0428-7

        1. Literatura mexicana - Historia e crítica. I. Wisnik,
    Lúcia Teixeira. II. Título. III. Série.

17-46870                                     CDD: 868.99213
                                             CDU: 821.134.2(72)

22/12/2017     22/12/2017

1ª edição - 1ª reimpressão
[PPD]

Direitos reservados em língua portuguesa à

EDITORA PERSPECTIVA LTDA.

Av. Brigadeiro Luís Antônio, 3025
01401-000 São Paulo SP Brasil
Telefax: (11) 3885-8388
www.editoraperspectiva.com.br

2019

## SUMÁRIO

1. A Metáfora .................................................... 9
   *Seus Termos* ................................................. 9
   *Encarnação e Dissipação* ............................... 17

2. Conjugações .................................................. 23
   *Um Ouro Nefasto* ......................................... 23
   *Piras, Mausoléus e Sacrarios* ........................ 30
   *Conjugações* ................................................ 39

3. Eva e Prajñāparamitā .................................... 49
   *Yaksi e a Virgem* .......................................... 49
   *Juízo de Deus, Jogos de Deuses* ................... 60

4. A Ordem e o Acidente .................................. 87
   *Alquimia Sexual e Cortesia Erótica* .............. 87
   *A Ordem e o Acidente* ................................ 101
   *A Noiva Despida por seus Solteiros* ............. 109

Índice das Ilustrações ........................................ 135

Meu amigo Armando Jiménez propôs que eu escrevesse o prólogo de seu livro *Nueva picardía mexicana*. Aceitei, e depois de ter escrito algumas poucas páginas percebi que, em vez de prender-me ao tema, me perdia em rodeios e divagações. Decidi seguir meu pensamento sem procurar guiá-lo e o resultado foi este texto: começa sendo um comentário do livro de Jiménez mas logo adentra por regiões diferentes, ainda que vizinhas à picardia. Dividi-o em quatro partes, que podem ser descritas da seguinte forma: 1 e 2, Reflexões sobre uma metáfora e os termos ou caras que a compõem; 3 e 4, seguidas de exemplos que mostram como esses termos se associam ou dissociam.

O.P.

1. A METÁFORA

*Seus Termos*

Existe uma relação incontestável, se bem que não inteiramente esclarecida, entre *pícaro, picardia* e *picar*. A princípio, segundo Corominas, chamava-se pícaro aos que se ocupavam dos misteres e ofícios designados pelo verbo picar: "pinche de cocina"*, picador de touros, etc. Mais tarde a palavra passou à linguagem da ladroagem, como "denominação de outras atividades menos honestas mas nas quais também se *picava* ou se *mordia*. Seria preciso lembrar aqui o *mordelón* mexicano"? Se pícaro é aquele que pica, picoteia, corta, fere, morde, esporeia, atiça, irrita: o que é picardia? Por um lado, é um ação de pícaro; por outro, uma piada, uma anedota, um desenho humorístico e satírico. O ato real e o ato simbólico: num caso, pica-se a pele ou a bolsa alheia; no outro, a picada é imaginária.

---

* "ajudante de cozinha" (N. da R.)

A *Nueva picardia mexicana* de Armando Jiménez é um livro de imaginação; ou melhor, é uma coleção das fantasias e delírios verbais dos mexicanos, um florilégio de suas picardias imaginárias. Todas as flechas, todos os bicos e ferrões do verbo picar, disparados contra um alvo que é, ao mesmo tempo, indizível e indecente. Indizível por ser indecente ou indecente por ser indizível? Já veremos. Por enquanto, insisto em que se a picardia é imaginária, seu objeto não o é. A agressão é simbólica; a realidade agredida, ainda que inominada e inominável, é perfeitamente real. Exatamente por ser "aquilo de que não se deve falar", todos falam. Só que falam por meio de uma linguagem cifrada ou alegórica: não há nada menos realista que os "cuentos colorados" * e os "albures"**. A picardia é um território habitado pela alusão e pela elusão. O livro de Jiménez é um repertório de expressões simbólicas, um catálogo de metáforas populares. Todas essas figuras de linguagem aludem invariavelmente a uma mesma e única realidade; seu tema é um segredo conhecido por todos mas cujo nome não pode ser mencionado em público. Assim, o primeiro mérito de Jiménez não é tanto sua erudição em matéria de picardia, que aliás é muita, mas o atrevimento de dizer em voz alta o que todos repetem em baixa. Esta é a grande e saudável picardia *de Nueva picardia mexicana*.

Nós, os mexicanos, e talvez também os demais hispano-americanos, só temos a nos reconhecer nas estórias e nos dizeres deste livro. A surpresa que nos produz sua leitura não vem da novidade – embora contenha muitas coisas novas ou desconhecidas – mas da familiaridade e da cumplicidade. Lê-lo é participar do segredo. Em que consiste esse segredo? Este livro nos ensina nossa outra cara, a oculta e inferior. O que digo deve ser entendido literalmente: estou falando da realidade que está abaixo da cintura e que a roupa encobre. Refiro-me a nossa cara animal, sexual: a bunda e os órgãos genitais. Não exagero nem invento, a metáfora é tão antiga como a dos olhos "espelhos da alma" – e mais certa. Há uma gravura de Posada que representa um fenômeno de circo: uma criatura anã vista de costas mas com o rosto voltado para o espectador e que mostra embaixo, no lugar das nádegas, *outro* rosto. Quevedo não é menos explícito e um de seus escritos juvenis os-

---

* "contos obscenos" (N. da R.)
** jogos de cartas, naipes (N. da R.)

tenta este título *Gradas y desgracias del ojo del culo*. É uma longa comparação entre a bunda e o rosto. A superioridade da primeira consiste em ter um olho só, como os ciclopes que "descendiam dos deuses da visão".

A gravura de Posada e a metáfora de Quevedo parecem dizer o mesmo: a identidade entre a bunda e a cara. Não obstante, há uma diferença: a gravura mostra que a bunda é uma cara; Quevedo afirma que a bunda é como a cara dos ciclopes. Passamos do mundo humano ao mitológico: se a cara é bestial como a bunda (pois é isto que nos diz Posada), a bestialidade de ambas é divina ou demoníaca. Tara saber como é a cara dos ciclopes, o melhor é perguntá-lo a Góngora. Escutemos Polifemo no momento em que, ao contemplar-se na água, descobre seu rosto:

> miréme y lucir vi un sol en mi frente
> cuando en el cielo un ojo se veia:
> neutra el água dudaba a cual fe preste:
> o al cielo humano o al cíclope celeste*.

Polifemo vê sua cara disforme como um *outro* Armamento. Transformações: o olho do eu: o do ciclope: o do céu. O sol dissolve a dualidade cara e eu, alma e corpo, numa única imagem, deslumbrante e total. Recobramos a antiga unidade e essa unidade não é nem animal nem humana, mas ciclópica, mítica.

Não vale a pena repetir agora tudo o que a psicanálise nos ensinou sobre a luta entre a cara e o eu, entre o princípio da realidade (repressivo) e o princípio do prazer (explosivo). Limito-me aqui a observar que a metáfora que mencionei – em sua forma ascendente e na descendente: a bunda como cara e a cara como bunda – serve alternativamente tanto a um quanto a outro princípio. Num primeiro momento, a metáfora *descobre* uma semelhança; imediatamente depois, a *recobre*, ou porque o primeiro termo absorve o segundo ou vice-versa. De uma maneira ou de outra a semelhança se dissipa e a oposição entre bunda e cara reaparece, reforçada. No primeiro

---

\* olhei-me e vi um sol luzir em minha frente
  quando no céu um olho se via:
  neutra a água hesitava em qual dar crédito:
  se ao céu humano, se ao ciclope celeste (N. da T.).

*...os termos da metáfora* [p. 10]

*...uma variante da metáfora* [p. 18]

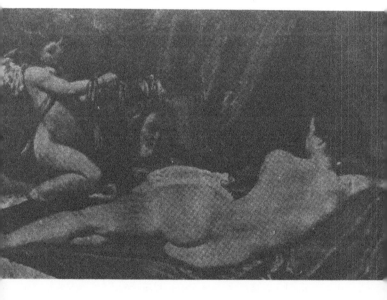

momento, a semelhança nos parece insuportável – e por isso rimos ou choramos; no segundo, a oposição também resulta insuportável – por isso rimos ou choramos. Ao dizer que a bunda é como a cara, negamos a dualidade alma e corpo: rimos porque reatamos a discórdia que somos. Só que a vitória do princípio do prazer dura pouco; nosso riso, ao mesmo tempo que celebra a reconciliação da alma e do corpo, a dissolve, a toma irrisória. Com efeito, a bunda é séria; o órgão do riso é o mesmo que o da linguagem: a língua e os lábios. Ao rirmos da bunda – essa caricatura da cara – afirmamos nossa separação e consumamos a derrota do princípio do prazer. A cara ri da bunda e assim traça de novo a linha divisória entre o corpo e o espírito.

Nem o falo nem a bunda têm sentido de humor. Sombrios, são agressivos. Sua agressividade é o resultado da repressão risonha da cara. Baudelaire descobriu isto muito antes de Freud: a risada e, geralmente o cômico, são os estigmas do pecado original ou, em outras palavras, os atributos de nossa humanidade, o resultado e o testemunho de nossa violenta separação do mundo natural. O riso é o signo de nossa dualidade; se às vezes zombamos de nós mesmos com a mesma aspereza com que zombamos diariamente dos outros é porque, efetivamente, somos sempre dois: o eu e o *outro*. Mas as emissões violentas do falo, as convulsões da vulva e as explosões do eu nos apagam o riso da cara. Nossos princípios vacilam, sacudidos por um tremor psíquico não menos poderoso que os tremores de terra. Agitados pela violência de nossas sensações e imaginações, passamos da seriedade à gargalhada. O eu e o *outro* se fundem; mais que isso: o eu é possuído pelo *outro*. A gargalhada é semelhante ao espasmo físico e psicológico: estouramos de rir. Esta explosão é o contrário do riso e não estou muito certo de que possa ser chamada cômica. A comicidade implica dois elementos; o que olha e o que é olhado, ao passo que, na gargalhada, a distinção se desfaz ou, pelo menos, se atenua. A risada não apenas suprime a dualidade como nos obriga à fusão com o riso geral, com o grande estrondo fisiológico e cósmico do eu e do falo: o vulcão e o monção.

A gargalhada também é uma metáfora: a cara se torna falo, vulva ou eu. É o equivalente, no nível psicológico, do que são no nível verbal as expressões de poetas e satíricos. Sua explosão é um exagero não menos exagerado que a imagem de Gôngora e a agudeza de Quevedo. Uma e outras são o duplo da violência fisiológica e cósmica. O resultado é a transmutação: saltamos do mundo da dualidade, regido, pelo princípio da realidade, ao do mito da unidade original. Desta forma, o riso frenético não é unicamente uma resposta ao princípio do prazer nem tampouco sua cópia ou reprodução, embora seja as duas coisas: é a sublimação, a metáfora do prazer. A gargalhada é uma síntese (provisória) entre a alma e o corpo, o eu e o *outro*. Essa síntese é uma espécie de transformação ou tradução simbólica: somos outra vez como os ciclopes. *Outra vez*: a gargalhada é um regresso a um estado anterior; voltamos ao mundo da infância, coletiva ou individual, ao mito, ao jogo. Volta à unidade do princípio, antes do tu e do eu, em um nós que abarca todos os seres, bestas e elementos.

A outra resposta à violência carnal é a seriedade, a impassibilidade. É a resposta filosófica, como a gargalhada é a resposta mítica. A seriedade é o atributo dos ascetas e dos libertinos. A gargalhada é uma descontração; o ascetismo, uma rigidez: endurece o corpo para preservar a alma. Pode parecer estranho que eu cite o libertino ao lado do asceta; mas não: a libertinagem também é um endurecimento, primeiro do espírito e depois dos sentidos. Um ascetismo ao avesso. Com sua habitual agudeza, Sade afirma que o filósofo libertino tem que ser imperturbável e que deve aspirar à insensibilidade dos antigos estoicos, à ataraxia. Seus arquétipos eróticos são a pedra, os metais, a lava fria. Equivalências, equações: falo e vulcão, vulva e cratera. Parecido com o terremoto pelo ardor e pela fúria passionais, o libertino tem que ser duro, empedernido como as rochas e penhascos que cobrem a planície depois da erupção. A liberdade, o estado filosófico por excelência, é sinônimo de dureza.

Estranha coincidência – ou melhor, nem tão estranha – com o budismo *Vajrayāna* que concebe o sábio e o santo, o adepto que alcançou simultaneamente a sabedoria e a liberação, como um ser feito à imagem do diamante. *Vajrayāna* é o caminho ou a doutrina do raio e do diamante. *Vajrayāna* designa o raio e também a natureza diamantina, invulnerável e indestrutível, tanto da doutrina como do estado de beatitude conquistado pelo asceta. Ao mesmo tempo, no rito e na linguagem tântricos, *vajra* alude ao órgão sexual masculino. A vulva é a "casa de *vajra*" e também a sabedoria. Séries de metáforas compostas por termos que pertencem ora ao mundo material, corpóreo, ora ao mundo espiritual, incorpóreo: o raio e o falo, a vulva e a sabedoria, o diamante e a beatitude do iogue liberado. A série de termos materiais culmina numa metáfora que identifica a descarga do fogo celeste com a dureza do diamante: petrificação da chama; a série de termos psíquicos se resolve numa outra imagem na qual o abraço sexual é indistinguível do desprendimento do asceta durante a meditação: transfiguração da paixão em essência. As duas metáforas terminam por se unir: fusão do macrocosmos e do microcosmos. Em todas as civilizações aparecem pares de conceitos opostos tais como os que acabo de mencionar. O que me parece significativo no budismo tântrico é o fato dessa dualidade se manifestar precisamente na polaridade fogo/diamante e erotismo/desprendimento. Não menos notável é a solução final dessa dupla oposição pelo predomínio do bimembre, diamante/desprendimento. O Buda supremo é *Vajrasattava*, "essência diamantina" em sânscrito; os tibetanos o chamam de "Senhor das pedras". O surpreendente é que, em sua origem, *vajra* (o raio) foi a arma de Indra, o jucundo e dissoluto deus védico. Pelo visto há um arco que une, por cima dos séculos, os dois polos do espírito humano. Um arco que, neste caso, vai de Indra, deus da tempestade e da embriaguez, deus da terrível gargalhada que precipita todos os elementos na confusão primordial, ao Buda impassível, imperturbável e diamantino, abstraído na contemplação de sua resplandecente vacuidade. Do hino védico ao tratado de meditação, do raio ao diamante, da gargalhada à filosofia. A passagem do fogo à pedra, da paixão à dureza, é análoga na tradição religiosa da índia e na filosofia libertina europeia. A diferença é que a primeira nos oferece uma visão total, embora vertiginosa, do homem e do mundo, enquanto que a segunda termina num beco sem saída. Em suma, vivemos entre o tremor de terra e a petrificação, o mito e a filosofia. Num extremo, as convulsões do riso jogam abaixo o edifício de nossos princípios e corremos o risco de perecer embaixo dos escombros; no outro, a filosofia nos ameaça – seja qual for a máscara que escolhamos: a de Calvino ou a de Sade – com a mumificação em vida. Divagações à sombra de Coatlicue: a destruição pelo movimento ou pela imobilidade. Tema para um moralista asteca.

*Encarnação e Dissipação*

Desde que o homem é homem está exposto à agressão: à dos outros e à de seus próprios instintos. A expressão *desde que o homem é homem*, significa, primeiramente, desde o nosso nascimento e, além disso, desde que a espécie se incorporou e adotou a posição ereta. Neste sentido nossa condição não é histórica: a dialética dos princípios do prazer e da realidade se desenvolve numa zona não atingida pelas mudanças sociais dos últimos oito mil anos. Há, contudo, uma diferença: as sociedades antigas elaboraram instituições e métodos que, com maior facilidade e com menos perigo para a espécie que os de agora, absorviam e transformavam os instintos agressores. Por um lado, os mecanismos de simbolização: um sistema de transformação das obsessões, impulsos e instintos em mitos e imagens coletivas, por outro, os ritos: a encarnação dessas imagens em cerimônias e festas. Diga-se de passagem que não creio na superioridade das civilizações que nos precederam nem na da nossa. Suspeito que a "sociedade sã" seja uma utopia; se não o for, seu lugar não está nem no passado nem no futuro, pelo menos tal como antevemos este último a partir do presente[1]. Não obstante, parece-me evidente que a Antiguidade (ou as antiguidades, posto que são várias) oferecia uma gama de possibilidades de sublimação e de encarnação mais rica que a nossa.

As culturas chamadas primitivas criaram um sistema de metáforas e de símbolos que, como mostrou Lévi-Strauss, constituem um verdadeiro código de símbolos ao mesmo tempo sensíveis e intelectuais: uma linguagem. A função da linguagem é significar e comunicar os significados, mas nós, homens modernos, reduzimos o signo à mera significação intelectual e a comunicação à transmissão de informação. Esquecemos que os signos são coisas sensíveis e que operam sobre os sentidos. O perfume transmite uma informação que

---

1. Lévi-Strauss acha que, se houve uma idade de ouro, devemos situá-la nas aldeias do neolítico. Talvez tenha razão. O Estado era embrionário, havia apenas divisão do trabalho, não se conheciam os metais (as armas) nem a escrita (burocracia de escribas/massa de escravos) e a religião ainda não estava organizada em clerezia. Anos atrás, Kostas Papaioannou dizia-me quase a mesma coisa, mostrando-me umas figurinhas femininas da fertilidade: a felicidade em pessoa, o acordo com o mundo.

17

é inseparável da sensação. O mesmo sucede com o sabor, o som e as outras expressões e impressões sensoriais. O rigor da "lógica sensível" dos primitivos nos fascina por sua precisão intelectual; não é menos extraordinária a riqueza das percepções: onde um nariz moderno não distingue senão um cheiro vago, um selvagem percebe uma gama definida de aromas. O mais assombroso é o método, a maneira de associar todos esses signos até tecer com eles séries de objetos simbólicos: o mundo convertido numa linguagem sensível. Dupla maravilha: falar com o corpo e converter a linguagem num corpo.

Outra via de absorção, transformação e sublimação: o tempo cíclico. A data que retoma é na verdade uma volta do tempo anterior, uma imersão num passado que é, simultaneamente, o de cada um e o do grupo. A roda do tempo, ao girar, permite à sociedade a recuperação das estruturas psíquicas sepultadas ou reprimidas para reintegrá-las num presente que é também um passado. Não é apenas o regresso dos antigos e da Antiguidade: é a possibilidade que cada indivíduo tem de recobrar sua porção viva de passado. A psicanálise se propõe a elucidar o incidente esquecido, de modo que a cura consiste, até certo ponto, numa recuperação da memória. O rito antigo se dá num nível que não é a rigor o da consciência: não é a memória que recorda o passado mas o passado que volta. É o que chamei, em outro contexto, a *encarnação das imagens*.

Deste ponto de vista, a arte é o equivalente moderno do rito e da festa: o poeta e o romancista constroem objetos simbólicos, organismos que emitem imagens. Fazem o que faz o selvagem: convertem a linguagem em corpo. As palavras já não são coisas e, sem deixar de ser signos, se animam, *ganham corpo*. O músico também cria linguagens corporais, geometrias sensíveis. Ao contrário do poeta e do músico, o pintor e o escultor fazem do corpo uma linguagem. Por exemplo: a célebre Vênus do Espelho é uma variante da metáfora sexo/cara. Uma variante que é uma réplica da imagem verbal de Quevedo e da metáfora gráfica de Posada: no quadro de Velázquez não há humilhação da cara ou do sexo. Momentos de milagrosa concordância. A deusa – e nada menos celeste que essa jovem estendida, por assim dizer, sobre sua própria nudez – dá as costas ao espectador, como a anã de Posada. No centro do quadro, na metade inferior, à altura do horizonte ao alvorecer, precisamente no lugar em que aparece o sol, no oriente, a esfera perfeita dos quadris. Garupa-astro. Acima, no horizonte superior, no zênite, no centro do céu: o rosto da mulher. Seu rosto? Antes, como o Polifemo de Góngora, seu reflexo na "água neutra" de um espelho. Vertigem: o espelho reflete o rosto de uma imagem, reflexo de um reflexo. Prodigiosa cristalização de um momento que, na realidade, já se esvaneceu...

Quadro e poema: ritos solitários da contemplação e da leitura, festim de fantasmas, convite de reflexos. As imagens encarnam na arte só para desencarnar no ato da leitura ou da contemplação. Além disso, o artista crê na arte e não, como o primitivo, na realidade de suas visões. Para Velázquez a Vênus é uma imagem, para Góngora o olhar solar do ciclope é uma metáfora e para Quevedo o ânus ciclópico é mais um conceito, uma *agudeza*. Nos três casos: algo que não pertence ao domínio da realidade mas ao da arte. A sublimação poética se identifica assim, quase que totalmente, com o instinto de morte. Ao mesmo tempo, a participação com os outros adota a forma da leitura. O primitivo, também decifra signos, também lê, só que seus signos são um duplo de seu corpo e do corpo do mundo. A leitura do primitivo é corporal.

Por mais artificiosas que nos pareçam, a agudeza de Quevedo e a metáfora de Góngora eram ainda linguagem viva. Se o século XVII tinha esquecido que o corpo é uma linguagem, seus poetas souberam criar uma linguagem que, talvez por causa de sua própria complexidade, nos dá a sensação de um corpo vivo. Esse corpo não é humano: é o dos ciclopes e das sereias, dos centauros e dos diabos. Uma linguagem martirizada e possuída como um corpo endemoninhado. Para medir os progressos sinuosos da abstração e da sublimação, basta comparar a linguagem de Quevedo com a de Swift. O último é um escritor infinitamente mais livre que o espanhol, mas sua ousadia é quase que exclusivamente intelectual. Ante a violência sensual de Quevedo, especialmente no nível escatológico, Swift ficaria ofendido. *Affair* não de moral mas de gosto: tudo é permitido na esfera das ideias e dos sentimentos, não na da sensibilidade. o século libertino foi também o inventor do bom gosto. A repressão desaparece numa zona para reaparecer em outra, não mais mascarada de moral mas sob o disfarce de uma estética.

Conhecemos o horror de Swift pela anatomia feminina, um horror que vem de Santo Agostinho e ao qual farão eco dois poetas modernos: Yeats e Juan Ramón Jiménez. O segundo diz, em seu melhor poema ("Espado"): "Amor, amor, amor (cantou Yeats) é o *lugar do excremento*". Ainda que, provavelmente, Quevedo tenha sentido a mesma repulsa – foi misógamo, putanheiro e petrarquista – sua reação é mais forte e, dentro de seu pessimismo, mais saudável: "É sem comparação melhor (o olho do eu aos da cara) pois anda sempre, nos homens e nas mulheres, vizinho dos membros genitais, ficando assim provado que é bom, segundo aquele provérbio: *Dize-me com que andas e dir-te-ei quem és*". O sistema de transformações simbólicas do catolicismo ainda oferece – mesmo no momento em que a Contra Reforma acirra-se e ainda que por meio da sátira e da escatologia – a possibilidade de falar fisicamente das coisas físicas. Apesar de Swift ser mais livre intelectualmente que o poeta espanhol, suã sensualidade se defronta com proibições não menos poderosas do que as que impunham a Quevedo a neoescolástica, a monarquia absoluta e a Inquisição.

À medida que a repressão se retira da razão, aumentam as inibições da linguagem sensual. O extremo é Sade. Ninguém tratou de temas tão candentes numa linguagem tão fria e insípida. Seu ideal verbal – quando não cede ao furor – é uma geometria e uma matemática eróticas: os corpos como cifras e como símbolos lógicos, as posturas amorosas como silogismos. A abstração é vizinha, por um lado, da insensibilidade; por outro, do tédio. Não quero diminuir o gênio de Sade, e muito embora a bajulação que o rodeia há anos provoque em mim ímpetos de blasfemar contra o grande blasfemo, nada nem ninguém me fará dizer que ele é um escritor sensual. O título de uma de suas obras define sua linguagem e seu estilo: "A filosofia *no boudoir*". A chama passional torna a arder no século XIX e aqueles que a inflamam são os poetas românticos, que acreditavam no amor único e na sublimidade das paixões. A onda romântica nos leva a Joyce e aos surrealistas. Um processo em direção inversa ao de Sade e do século XVIII: do diamante ao raio, da ataraxia à paixão, da filosofia no *boudoir* à poesia ao ar livre. E agora, novamente, nos ameaça outra era glacial: à guerra fria sucede a libertinagem a frio. Sintoma da baixa de tensão erótica: a degradação das formas. Pois o princípio do prazer, que é explosão e subversão, é também e sobretudo rito, representação, festa ou cerimônia. Sacrifício e *cortesia*: Eros é imaginário e cíclico, o contrário do *happening* que só acontece uma vez.

A riqueza das invenções verbais de *Nueva picardia mexicana* contrasta com a rusticidade e também com a hipocrisia do sistema ético subjacente à maioria das estórias e dos dizeres. Superstições, preconceitos, inibições. O machismo e suas consequências: a misogenia e o ódio irracional pelos "frescos" e pelos "maricás". Isto apesar, ou melhor, por causa das raízes homossexuais desta atitude hispano-americana. No fundo nossos "machos" odeiam a mulher e invejam o invertido: não é de se estranhar que se convertam em pistoleiros. Assim pois, o encanto do livro de Jiménez é sobretudo linguístico e poético. Aqui, sim, há *linguagem em movimento*: contínua rotação das palavras, insólitos jogos entre o sentido e o som, idioma em perpétua metamorfose. *Les mots font l'amour*. Erotismo verbal e tolice intelectual e moral. Os textos de *Nueva picardia mexicana* não são atrevidos se os compararmos com os que agora publicam nossos escritores jovens, mas muitos destes (os maduros já ingressaram na Academia) deveriam guardar a lição dos "albures" publicados por Jiménez.

Demorei-me no tema da linguagem porque o falo e a vagina, além de serem objetos (órgãos) simbólicos, são emissores de símbolos. São a linguagem passional do corpo. Uma linguagem que só a doença e a morte silenciam – e não a filosofia. O corpo é imaginário não por carecer de realidade mas por ser a realidade mais real: imagem afinal palpável e, não obstante, mutável e condenada ao desaparecimento. Dominar o corpo é suprimir as imagens que ele emite – e nisso consistem as práticas do iogue e do asceta. Ou dissipar sua realidade – e isso é o que faz o libertino. Tanto aqueles quanto este se propõem a acabar com o corpo, com suas imagens e com seus pesadelos: com sua realidade. Pois a realidade do corpo é uma imagem em movimento fixada pelo desejo. Se a linguagem é a forma mais perfeita da comunicação, a perfeição da linguagem não pode ser senão erótica e inclui a morte e o silêncio: o fracasso da linguagem... O fracasso? O silêncio não é o fracasso mas o acabamento, a *culminação* da linguagem. E por que nos empenhamos em dizer que a morte é *absurda*? Que sabemos da morte?

Desta perspectiva o livro de Jiménez me decepciona (e isto não é uma crítica mas uma confissão) como me decepcionam as estórias da picaresca de outros países e línguas. Por certo que as raízes da piada e da arte são as mesmas, como repetem todos desde que Freud escreveu seu famoso ensaio sobre esse tema. O que nem sempre é lembrado é que essa semelhança de origem se converte, por fim, numa diferença. Ambos, a piada e o poema, são expressões do princípio do prazer, vitorioso por um instante sobre o princípio da realidade. Nos dois casos o triunfo é imaginário; só que a piada se dissipa ao passo que na arte há uma vontade de forma, ausente na picardia. Seria a forma o triunfo contra a morte ou uma nova armadilha de Tânatos e de seu cúmplice, a sublimação? Talvez nem uma coisa nem outra: é amor frenético, desejo exasperado e infinitamente paciente de fixar – não o corpo mas o movimento do corpo: o corpo movendo-se para a morte. O corpo sacudido, movido pela paixão. Não nego que a arte, como tudo o que fazemos, seja sublimação, cultura e, portanto, homenagem à morte. Acrescento que é sublimação que deseja encarnar: regressar ao corpo. A piada é exemplar e, seja ela cínica ou satírica, moral. Sua moralidade última consiste em dissipar-se. A arte é o contrário da dissipação, no sentido físico e espiritual da palavra: é concentração, desejo que busca encarnação.

## 2. CONJUGAÇÕES

*Um Ouro Nefasto*[1]

*Nueva picardia mexicana* tem um interesse psicológico e sociológico mais imediato que o linguístico, e não menos importante. Não me proponho a tratar desse tema: outros o farão melhor que eu. Direi apenas que é um repertório de nossos desejos e temores, atrevimentos e covardias. Neste sentido lança uma luz muito viva, se bem que indireta, sobre o sistema de repressões, externas e internas, da sociedade mexicana. Se a obsessão pelo falo e pela vagina é universal, são mexicanas as formas pelas quais a expressamos. Sucede o mesmo com os alvos contra os quais disparamos nossas picardias. Exemplos: embora em toda parte existam partidos políticos revolucionários e/ou institucionais, não é em todo lugar que se vê um Partido Revolucionário Institucional; desde que o mundo é mundo há novos-ricos mas unicamente no México a burgue-

[1]. *Un or néfaste incite pour son beau cadre une rixe...* (Mallarmé, primeira versão do "soneto em ix").

sia é "revolucionária"; se os "filhos de Sánchez" não são mais infelizes que os do negro Smith de Chicago ou os do siciliano Pedroni de Palermo, são diferentes. Houve muitos motins em 1968: gás lacrimogênio e pauladas em Paris, Tóquio, Délhi, Roma, Berlim e tanques em Praga, Chicago e México. O nosso se adequou ao sangrento arquétipo mítico que rege nossa história desde Itzcoatl e ocorreu na antiga Praça de Tlatelolco, hoje chamada Praça das Três Culturas: o rito asteca, o espanhol e o moderno.

É natural que a sátira contra o sistema e as classes dominantes seja um dos temas constantes de *Nueva picardia mexicana*: o princípio do prazer é subversivo. A ordem dominante, qualquer que seja ela, é repressiva: é a ordem da dominação. A crítica social assume com frequência a forma de escárnio contra o pedantismo dos cultos e as afetações ridículas da "boa educação". É um elogio implícito, às vezes explícito, à sabedoria dos ignorantes. Dois sistemas de valores: a cultura dos pobres e a dos ricos. A primeira é herdada, inconsciente e antiga; a segunda é adquirida, consciente e moderna. A oposição entre ambas não é senão uma variação da velha dicotomia entre espontaneidade e consciência, sociedade natural e sociedade culta ou artificial. Outra vez Rousseau e Hobbes: a sociedade artificial é autoritária e hierárquica; a natural é livre e igualitária. Pois bem, o sexo é subversivo não só por ser espontâneo e anárquico mas por ser igualitário: não tem nome nem classe. E ainda por cima, não tem cara. Não é individual: é genérico. Por não ter cara, o sexo é a origem de todas as metáforas que mencionei e, além do mais, a origem de nossa desgraça. O sexo e o rosto estão separados, um embaixo e o outro em cima; como se isso não bastasse, o primeiro anda oculto pela roupa e o segundo a nu. (Daí que cobrir o rosto da mulher, como fazem os muçulmanos, equivale a dizer que realmente não tem cara: sua cara é sexo.) Esta separação, que nos fez seres humanos, nos condena ao trabalho, à história e à construção de sepulturas. Também nos condena a inventar metáforas para suprimi-la. O sexo e todas as suas imagens – desde as mais complexas até às piadas de botequim – nos fazem lembrar que houve um tempo em que a cara esteve próxima do chão e dos órgãos genitais. Não havia indivíduos e todos eram parte do todo. Para a cara torna-se insuportável essa lembrança e por isso ri – ou vomita O sexo nos diz que houve uma idade de ouro; para a cara essa idade não é o raio solar do ciclope, mas o excremento.

Max Weber descobriu uma relação entre a ética protestante e o desenvolvimento do capitalismo. Por sua vez, alguns seguidores de Freud, particularmente Erich Fromm, assinalam a conexão entre este último e o erotismo anal. Norman O. Brown fez uma síntese brilhante de ambas descobertas e, o que é ainda mais importante, mostrou que a "visão excrementícia" constitui ä essência simbólica e, portanto, jamais explícita, da civilização moderna. A analogia contraditória e complementar entre o sol e o excremento é de tal modo evidente que quase dispensa demonstração. É um par de signos que se fundem e se dissociam alternadamente, regidos pela mesma sintaxe simbolizadora de outros signos: a água e o fogo, o aberto e o fechado, o pontiagudo e o redondo, o seco e o úmido, a luz e a sombra. As regras de equivalência, oposição e transformação que a antropologia estrutural utiliza são perfeitamente aplicáveis a estes dois signos, tanto no nível individual como no social.

O erotismo anal é uma fase infantil, pré-genital, da sexualidade individual que corresponde, na esfera dos mitos sociais, à idade de ouro. Para aludir de passagem aos jogos e fantasias infantis acerca do excremento: "La vida empieza en lágrimas y caca"...* (Quevedo). No que concerne às imagens míticas, assinalo que se o sol é vida e morte, o excremento é morte e vida. O primeiro nos dá luz e calor, mas sol em excesso nos mata; portanto, é vida que dá morte. O segundo é um dejeto, mas também um abono natural: morte que dá vida. Por outro lado, o excremento é o duplo do falo como o falo é o duplo do sol. O excremento é o *outro* falo, o *outro* sol. Deste modo é sol podre, como o ouro é luz congelada, sol materializado em lingotes contáveis e sonoros. Guardar ouro é acumular vida (sol) e reter o excremento. Gastar o ouro acumulado é esbanjar vida, transformar a morte em vida. Ao longo da história, todas estas imagens se fizeram cada vez mais abstratas, à medida que aumentava a sublimação dos instintos. Tanto mais sublimes, mais repressivas. A cara se distanciou do eu.

A ambivalência do excremento e sua identificação com o sol e com o ouro, lhe conferiu uma espécie de corporeidade

---

* a vida começa entre lágrimas e bosta (N. da T.)

simbólica – ora benéfica, ora nefasta – tanto entre os primitivos como na Antiguidade e na Idade Média. Norman O. Brown interessa-se sobretudo por suas metamorfoses recentes[2]. Não é necessário acompanhá-lo em toda sua apaixonante excursão; bastaria assinalar que as metamorfoses do ouro e do excremento, suas uniões e separações, constituem a história secreta da sociedade moderna. A condenação do excremento pela Reforma, como encarnação ou manifestação do demônio, foi o antecedente e a causa imediata da sublimação capitalista: o ouro (o excremento) convertido em cédulas de banco e em ações. Na verdade, Brown não observa que a esta transformação no nível dos símbolos e das crenças corresponde, no da economia e da vida prática, a passagem da economia fechada, constituída por *coisas*, à economia aberta do mercado capitalista, feita de *signos*. Lutero recebe a revelação na privada, no momento em que esvazia a barriga. As privadas são o lugar infernal por definição. O lugar da *podridão* é o *da perdição*: este mundo. A condenação deste mundo é a condenação da putrefação e da paixão de acumulá-la e adorá-la: o bezerro de ouro é excrementício. Assim pois, esta condenação atinge também o *desperdício*. A conexão entre retenção anal e economia racional, que mede os gastos, é clara. Entre acúmulo e desperdício não sobrou outro recurso senão a sublimação. O segundo passo consistiu em transformar em produto essa retenção: ocultamento e assepsia da privada e, simultaneamente, metamorfose do sótão, onde se guardam ouro e riquezas, em instituição bancária.

Embora o protestantismo tenha dominado maometanos e hindus durante séculos, não pôde ou não quis convertê-los. Por outro lado, conseguiu a *conversão* do ouro. Desapareceu como coisa, perdeu a materialidade e se transformou em signo; e, por uma curiosa consequência da moral calvinista, nada mais nada menos que em signo dos eleitos. O avarento é culpado de uma paixão infernal porque brinca como a criança com seu excremento com o ouro que acumula em sua toca. A economia racional capitalista é limpa, útil e moral: é o sacrifício da omissão – o contrário do sacrifício por

2. *Life against Death*. Existe tradução em espanhol: *Eros y Tanatos* (Editorial Joaquín Mortiz, México, 1967). Brown publicou em 1966 outro volume, *Love's Body*, que é a continuação e o complemento de *Eros y Tanatos*. Ainda não foi traduzido.

gasto e da hecatombe – que fazem os bons ante a vontade divina. A recompensa da divindade não se manifesta em bens materiais mas em signos: moeda abstrata. No exato momento em que o ouro desaparece das vestes de homens e mulheres bem como dos altares e dos palácios, se transforma no sangue invisível da sociedade mercantil e circula, inodoro e incolor, por todos os países. É a saúde das nações cristãs. Não se guarda, como na Idade Média, nem tampouco se gasta ou se dissipa: corre, se propaga, se conta, se desconta e assim se *multiplica*. Possui uma dupla virtude: a de ser uma mercadoria e também o signo de todas as mercadorias. A moralização do ouro e sua transmutação em signo é paralela à expulsão das palavras sujas da linguagem e à invenção e popularização do "reservado" inglês. O banco e o W.C. são expressões típicas do capitalismo.

Antes de Freud e de seus seguidores, Marx já havia chamado a atenção para o caráter mágico do ouro na civilização antiga. Quanto à sua relação com o excremento, disse ele que a sociedade capitalista é "a dominação de homens vivos por matéria morta". Dever-se-ia acrescentar: a dominação por matéria morta abstrata, pois não é o ouro material o que nos afixia mas a tessitura de seus signos. Nos países que, mais por comodidade verbal que por desejo de exatidão intelectual, chamamos socialistas, desapareceu o lucro individual e, consequentemente, o signo do ouro. Não obstante, o poder aí não é menos, porém mais abstrato e asfixiante que nas sociedades capitalistas. A agressividade do excremento vem provavelmente de sua identificação infantil com o falo. Dessa forma, seria preciso estudar a conexão escondida entre essa agressividade anal e a violência abstrata das burocracias do Este. E por certo, seria preciso também determinar a que outras zonas erógenas infantis ou pré-genitais corresponde esta estranha sublimação do mito da idade de ouro. Uma sublimação que é, na realidade, sua negação. A transmutação do sol primordial – ouro que era de todos, todo que era de ouro – no olho onisciente do Estado burocrático-policialesco é tão impressionante como a transformação do excremento em cédulas bancárias. Mas, pelo que sei, ninguém abordou o tema. Da mesma forma, é uma pena que nenhum de nós tenha examinado, deste ponto de vista, um estilo artístico que se situa precisamente na aurora da nossa época e que é a antítese tanto do "socialismo"

...o *bezerro de ouro é excrementício* [p. 26]

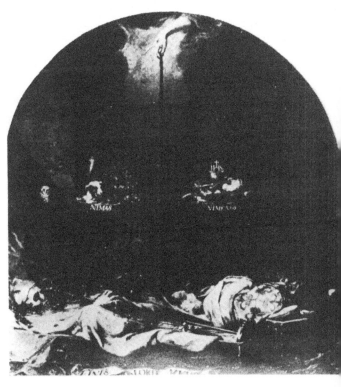

...sua desgraça é seu monumento [p. 32]

como do capitalismo modernos. Um estilo que poderíamos chamar de "barroco excremental".

*Piras, Mausoléus e Sacrários*

A Contra Reforma, o "estilo jesuítico" e a poesia espanhola do século XVII são o reverso da austeridade protestante e de sua condenação e sublimação do excremento. A Espanha extrai o ouro das índias, primeiro dos altares do *demônio* (ou seja: dos templos pré-colombianos) e depois das *entranhas* da terra. Nos dois casos, trata-se de um produto do mundo inferior, domínio dos bárbaros, dos ciclopes e do corpo. A América é uma espécie de latrina fabulosa, só que aí a operação não consiste na retenção do ouro mas na sua dispersão. A tônica não é moral, mas mítica. O metal solar se esparrama sobre os campos da Europa em guerras insensatas e em empresas delirantes. Um soberbo desperdício excremental de ouro, sangue e paixão: descomunal e metódica orgia que faz lembrar as destruições rituais dos índios americanos, embora muito mais custosa. Mas o ouro das índias também serve para cobrir o interior das igrejas, como uma oferenda solar. Nas escuras naves ardem os altares e sua dourada vegetação de santos, mártires, virgens e anjos; Ardem e agonizam. Ouro mais crepuscular que nascente e, por isso, mais vivo e realçado pela sombra que avança. Calor de luz e reflexos tremeluzentes que evocam as glórias antigas e nefastas do sol poente e do excremento. Vida que dá morte ou morte que dá vida? Se o ouro e seu duplo psicológico são símbolos das tendências mais fundas e instintivas de uma sociedade, no barroco espanhol e hispano-americano significam o contrário do lucro produtivo: são a ganância que se imola e se incendeia, a consumação violenta dos bens acumulados. Ritos da perdição e do desperdício. Sacrifício e defecação.

A dualidade sol e excremento se polariza nos dois grandes poetas do período, Góngora e Quevedo. Ambos são um extraordinário fim de festa da poesia espanhola: com eles, e neles, acaba uma grande época da literatura europeia. Eu vejo seus poemas como uma cerimônia fúnebre, luminosas exéquias do sol-excremento. Embora Góngora seja o poeta solar, não torce a boca para dizer a palavra *bosta* quando preciso; o artista mais ousado da poesia do Ocidente não teve o que se chama "bom gosto". A Quevedo, o poeta excremental, tampouco faltam luzes. Ao falar de um anel de ouro que encerrava o retrato de uma mulher diz:

> En breve cárcel traigo aprisionado
> con toda su familia de oro ardiente,
> el cerco de la luz resplandeciente...*

E mais adiante: "Traigo todas las índias en la mano". O ouro do Novo Mundo e seu brilho infraterrestre de latrina ciclópica, mas também o resplendor intelectual do erotismo neoplatônico: a amada é luz. Ideia. Neste relâmpago gravado ardem as heranças petrarquistas e o ouro dos ídolos pré-colombianos, o inferno medieval e as glórias de Flandres e da Itália, o céu cristão e o firmamento mitológico com suas estrelas, flores que "as feras altas de pelo luzidio" pastam. Por isso, sem se contradizer, também diz em outro soneto: "A voz do olho, que chamamos peido, /rouxinol dos putos..." O ânus como um olho que fosse também uma boca. Todas essas imagens estão possuídas pela avidez, pela raiva e pela glória da morte. Sua complicação, sua perfeição e até sua obscenidade pertencem ao gênero ritual e grandioso do holocausto.

Para Swift, o excremento é um tema de meditação moral; para Quevedo, uma matéria plástica como os rubis, as pérolas e os mitos gregos e romanos da retórica de sua época. O pessimismo de Quevedo é total: tudo é matéria para o incêndio. Só que esse incêndio é uma forma, um estilo; as chamas configuram uma arquitetura verbal e suas faíscas são intelectuais: repentes, agudezas. O exemplo de Quevedo é o mais notável mas não é o único. Em todo o período barroco espanhol, tanto na esfera da poesia como na das artes plásticas, reina a oposição entre o ouro e a sombra, a chama e a escuridão, o sangue e a noite. Estes elementos simbolizam menos uma luta entre a vida e a morte que uma disputa de morte entre dois princípios ou forças rivais: esta vida e a outra, o mundo daqui e o de lá, o corpo e a alma. O corpo tenta a alma, quer queimá-la com a paixão para que ela se precipite no negro abismo. Por sua vez, a alma castiga o corpo; castiga-o com o fogo porque quer re-

---

\* Em breve cárcere trago aprisionado
 com toda sua família de ouro ardente,
 o cerco da luz resplandecente... (N. da T.)

duzi-lo a cinzas. O martírio da carne é, de certa forma, a contrapartida dos autos-de-fé e das queimas de hereges. E também dos sofrimentos da alma, crucificada na cruz ardente dos sentidos. Nos dois casos o fogo é purificador. O incêndio representa nesta dialética da luz e da sombra, da chama e do carvão, o mesmo princípio que o raio (*vafra*) no budismo tântrico: a transmutação, pela meditação, da paixão sexual em desprendimento diamantino corresponde, na Espanha da Contra Reforma, à transfiguração, pelo fogo, da carne em luz espiritual. Outra analogia: da mesma maneira que o raio (o falo) deve transmutar-se em diamante, a árvore (o corpo humano) deve transformar-se em cruz. Em ambos os casos: redução do elemento natural (raio, árvore) a seus elementos essenciais para convertê-lo em signo (cruz e *vajra* estilizado). Martírios e transfigurações da natureza... Mas é tal o poder da paixão, ou tal a capacidade de prazer do corpo, que o incêndio se transforma em gozo. O martírio não extingue, e sim aviva o prazer. As contorções dos membros abrasados alude a sensações que entretecem delícias e tormentos. Nem sequer o espírito religioso ficou insensível ao fascínio da combustão. O "morro porque não morro" e o "prazer de morrer" de nossos místicos são o reverso, o complemento e a transfiguração dos desesperados "me mata" e dos "morro de prazer" dos amantes. Almas e corpos chamuscados. Na nossa arte barroca o espírito vence o corpo mas o corpo encontra ocasião para se glorificar no próprio ato de morrer. Sua desgraça é seu monumento.

O princípio do prazer, mesmo nessas homenagens à morte que são os poemas barrocos, sempre se refugia na forma. Estamos condenados a morrer e daí que até a própria sublimação, que nos alivia da tirania do superego, termine inevitavelmente por servir ao instinto de aniquilamento. Como também estamos condenados a viver, o princípio do prazer erige monumentos imortais (ou que assim se pretendem) à morte. Enquanto escrevo isto, vejo de minha janela os mausoléus dos sultões da dinastia Lodi. Edifícios cor de sangue quase seco, cúpulas enegrecidas pelo sol, pelos anos e pelas chuvas do monção – outras de mármore e mais brancas que o jasmim –, árvores de folhagens fantásticas plantadas em prados geométricos como silogismos e, entre o silêncio dos tanques e o céu de esmalte, o pio dos corvos e os círculos silenciosos dos milhanos. Os fogos de artifício dos periquitos em bando, riscas verdes que aparecem e desaparecem no ar quieto, se entrecruzam com as asas pardas dos morcegos cerimoniosos. Uns regressam, vão dormir; outros, nem bem* despertam, já voam pesadamente. Já é quase noite e ainda há uma luz difusa. Estas tumbas não são de pedra nem de ouro: são feitas de uma matéria vegetal e lunar. Agora estão visíveis apenas os domos, grandes magnólias imóveis. O céu se precipita no tanque. Não há em cima nem embaixo: o mundo se concentrou neste retângulo sereno. Um espaço no qual tudo cabe e que não contém senão ar e algumas imagens que se dissipam. O deus do Islame não é de minha devoção mas nestas tumbas parece que se dissolve a oposição entre a vida e a morte. Não em Swift, nem em Quevedo.

Se quisermos encontrar, na história da poesia espanhola, a fusão de cara e sexo, o melhor é deixar Gôngora e Quevedo e buscar outro poeta: Juan Ruiz, Arcipestre de Hita. Talvez se diga que esqueço, entre outros, Garcilaso e Lope, Fernando de Rojas e o grande Francisco Delicado. Não os esqueço. O que ocorre é que, depois das cerimônias suntuosas e terríveis do ouro, do excremento e da morte, é necessário sair para respirar o ar generoso e eufórico do século XIV. Por isso busco o clérigo universal em sua pequena cidade. Talvez tenha saído numa de suas expedições erótico-veneratórias e esteja percorrendo os montes vizinhos, povoados não por ninfas e centauros mas por robustas e lascivas serranas. Ou esteja de volta e passeie pelo átrio da igreja, acompanhado por Trotaconventos. O clérigo e a alcoviteira tecem redes amorosas e destecem as que lhes preparam damas e monjas:

> No me las ensenes más
> que me matarás.
> Estábase la monja
> en el monesterio,
> sus teticas blancas
> de so el velo negro.
> Más, que me matarás[3] *.

3. DIEGO SÁNCHEZ DE BADAJOZ, (*Recopilación en metro*, 1554), *Lírica hispânica de tipo popular*, seleção, prólogo e notas de Margit Frenk Alatorre, México, 1966.

* Não m'as ensines mais

No *Libro de buen amor*, que é o livro do louco amor, a escatologia não é fúnebre nem sexo sangrento e dourado. Não há nem sublimação exagerada nem realismo exacerbado, o que não impede que as paixões sejam enérgicas. Nada de platonismo nem de hierarquias nobiliárias: a grande dama não é um castelo invulnerável, contudo "não se deixaria vencer por falsa moeda". Grande elogio. Arcipestre gostava muito de mulheres; sabia que se são elas a casa da morte, são também a mesa do festim da vida. E isso não lhe causava nem horror nem raiva. Às vezes, lendo *Nueva picardía mexicana*, chegam-me lufadas de frescor, sereno serrano que são como ecos de Juan Ruiz e de seu mundo; então me reconcilio com o povo do México e com toda a gente de fala espanhola. Não, não somos unicamente descendentes de Quevedo nem, no nosso caso – os mexicanos –, do ascético Quetzalcóatl e do feroz Huitzilopochtli. Também viemos de Arcipestre e de suas damas e donzelas, de suas judias e de suas mouras – delas e das raparigas despidas do neolítico, essas espigas de milho desenterradas em Tlatilco e que, intactas, ainda nos sorriem.

Ler Quevedo no jardim de um mausoléu muçulmano do século XV pode parecer incongruente; mas não o *Libro de buen amor*: seu autor conviveu com maometanos, muitos deles (e delas) cantores, bailarinos e músicos errantes. São os mesmos que agora ainda andam por Rajastán ou Uttar Pradesh e que às vezes, quando passam por Délhi, sentam-se em círculo nos prados que rodeiam os mausoléus para comer, cantar ou dormir. Certamente, a vizinhança histórica da Espanha e do Islame não apaga as óbvias e inúmeras diferenças entre o mausoléu e o livro do poeta espanhol. Neste momento aquela que me interessa destacar é a seguinte: o primeiro reconcilia a vida com a morte e, desta feita, quem lucra é a última; o livro junta a morte com a vida, e quem sai ganhando é a vida. Em ambos os casos há um diálogo entre os dois princípios. Claro que não é justo comparar um livro a um monumento. Qual é, então, o equivalente ocidental dessas tumbas? Não sei responder. Em

   que me matarás.
   Estava a monja
   no mosteiro
   suas tetinhas brancas
   sob o véu negro.
   Mais, que me matarás. (N. da T.)

nenhum cemitério cristão senti esta leveza e serenidade. Os dos gregos e romanos? Talvez. Só que não me parecem tão arejados e acolhedores como estes mausoléus. Lá a história pesa; aqui se desvanece: é conto, lenda. A resposta está fora da Europa e do monoteísmo – nesta mesma terra da índia, nos templos hindus e nas *chaityas* budistas. Na verdade não são tumbas: os indianos queimam seus mortos. Não importa, muitos destes santuários guardam ossos de santos e ainda dentes e outras relíquias do Buda. Nos templos indianos a vida não combate a morte: a absorve. E a vida, por sua vez, se dissolve como se dissolve um dia no ano e um ano no século.

Nos santuários indianos a existência, concebida como proliferação e repetição, se manifesta com uma riqueza insistente e monótona que faz lembrar a irregularidade e a persistência da vegetação; nos mausoléus muçulmanos se submete a natureza a uma geometria ao mesmo tempo implacável e elegante: círculos, retângulos, hexágonos. Até a água se converte em geometria. Encerrada em canais e tanques, distribui-se em espaços geométricos: é visão; jorro de água que cai sobre uma fonte de pedra ou sussurro de arroio artificial entre orlas de mármore, reparte-se em proporções regulares de tempo: é som. Jogos de ecos e correspondências entre o tempo e o espaço; o olho, encantado pelas divisões harmônicas do espaço, contempla o reflexo da pedra na água; o ouvido, arrebatado pela repetição de uma mesma rima, escuta o som da água caindo sobre a pedra. A diferença entre o templo indiano e o mausoléu muçulmano é radical e depende, talvez, do seguinte: num caso estamos ante um monismo que inclui o pluralismo do mundo natural e um politeísmo riquíssimo e complicado; no outro, estamos ante um monoteísmo intransigente que exclui toda pluralidade natural e toda veleidade politeísta, ainda que dissimulada, como no catolicismo. Na civilização indiana, exaltação do corpo; no Islame esvanecimento do corpo na geometria da pedra e do jardim.

Quando se fala nos templos da índia é preciso fazer uma distinção entre os santuários hindus propriamente ditos e os budistas. No interior da índia, o hinduísmo e o budismo são os protagonistas de um diálogo surpreendente. Esse diálogo foi a civilização indiana. O fato de que tenha cessado contribui para explicar a prostração, já de oito séculos, dessa civilização, sua incapacidade de se renovar e mudar. O diálogo degenerou

*...uma geometria implacável e elegante* [p. 35]

*...há uma imensa cortesia em sua poderosa sensualidade e sua paixão é pacifica* [p. 39]

no monólogo do hinduísmo. Um monólogo que logo assumiu a forma da repetição e do maneirismo até a ancilose final. O Islame, que aparece no momento em que desaparece o budismo na índia, não pôde ocupar o lugar deste último: a oposição entre hinduísmo e budismo é uma contradição dentro de um mesmo sistema enquanto que islamismo e hinduísmo são o confronto de dois sistemas diferentes e incompatíveis. Algo parecido aconteceu depois com o cristianismo e, agora, com as ideologias filiadas a esta religião: democracia, socialismo... O Ocidente não conheceu nada parecido: as religiões não--cristãs com que teve de se defrontar foram versões do mesmo monoteísmo: o judaísmo e o islamismo.

Os orientalistas e filósofos que descreveram o budismo como um niilismo negador da vida estavam cegos: nunca viram as esculturas de Bharhut, Sanchi, Mathura e tantos outros lugares. Se o budismo é pessimista – e não vejo como um pensamento crítico possa não sê-lo – seu pessimismo é radical e inclui a negação da negação: nega a morte com a mesma lógica com que nega a vida. Este refinamento dialético lhe permitiu, em sua melhor época, aceitar e glorificar o corpo. Em troca, nos grandes templos hindus de Khajuraho e até no de Konarak – menos rococó e realmente imponente em sua formosa vastidão –, o erotismo chega a se tornar monótono. Falta algo: a alegria ou a morte, uma centelha de verdadeira paixão que sacuda essas grinaldas intermináveis de corpos ondulantes e de rostos que sorriem numa espécie de beatitude açucarada. Fabricação em série do êxtase: um orgasmo amaneirado. A natureza tampouco está presente nesses jogos corporais, mais complicados que apaixonados. O hinduísmo é excessivo não tanto por seus poderes intrínsecos (se bem que consideráveis), como por ter digerido todas as suas heterodoxias e contradições; sua desmedida afirmação carece do contrapeso da negatividade, esse elemento crítico que é o núcleo criador do budismo. Graças à negação budista, a índia antiga mudava, se transformava e se recriava; extirpada ou assimilada sua negação, a índia não cresce: prolifera. Por isso seu erotismo é superficial, epidérmico: um tecido de sensações e contrações. Os corpos enredados de Khajuraho equivalem a esses comentários sobre um comentário de um comentário dos *Brahmasútra*: as sutilezas da argumentação nem sempre equivalem à verdadeira profundidade, que é simples. A abundância de seios, falos, quadris, coxas e sorrisos estáticos acaba por enfastiar. Nos monumentos budistas não. Nem em Bharhut. E, sobretudo, não em Karli. Os relevos esculpidos nos frontispícios de Karli são casais despidos e sorridentes: nem deuses nem demônios, mas seres como nós, se bem que mais fortes e vivos. A saúde que irradiam seus corpos é natural: a solidez um pouco pesada das montanhas e a graça lenta dos rios fartos. Seres naturais e civilizados: *há uma imensa cortesia em sua poderosa sensualidade e sua paixão é pacífica*. Estão aí plantados como árvores – *só que não árvores que sorriem*. Nenhuma civilização criou imagens tão plenas e cabais do que seja o gozo terrestre. Pela primeira e única vez uma alta cultura histórica pôde, e com vantagem, rivalizar com o neolítico e suas figurinhas da fertilidade. O polo oposto do Islame e sua geometria de reflexos no fundo dos tanques.

*Conjugações*

Capitalismo e protestantismo, Contra Reforma e poesia espanhola, mausoléus maometanos e templos indianos: porque ainda não se escreveu uma história geral das relações entre o corpo e a alma, a vida e a morte, o sexo e a cara? Seguramente pela mesma razão pela qual não se escreveu uma história do homem. Temos, em vez disso, histórias dos homens, ou seja, das civilizações e das culturas. Não é de se estranhar, posto que até hoje ninguém sabe o que venha a ser realmente a "natureza humana". E não o sabemos porque nossa "natureza" é inseparável da cultura; e a cultura são as culturas. Daí o antropólogo norte-americano A. L. Kroeber ter proposto uma dupla investigação: primeiro, que se fizesse um inventário dos traços característicos – materiais, institucionais e simbólicos – das diferentes culturas e civilizações (a propósito, uma tarefa quase infinita), destinado a "determinar os perímetros da cultura humana"; segundo, que se fizesse outro inventário, "entre os animais sub-humanos, das formas de conduta semelhantes ou precursoras das formas culturais humanas"[4]. A partir desse catálogo poder-se-ia começar a constituir tanto uma teoria da cultura como da natureza humana.

4. A. L. KROEBER, *An Anthropologist looks at History*, University of California Press, 1966.

Não deixa de ser desconcertante que ainda não tenhamos podido reduzir à unidade, nem a pluralidade das culturas, nem a multiplicidade dos gênios e temperamentos humanos. Talvez ao término dessa tarefa, que me lembra a de Sísifo mas que os *computers* poderiam abreviar, chegássemos a situar, já que não a definir, nossa natureza. É evidente que ela se encontra no ponto de intersecção entre a cultura humana e a subcultura animal, mas onde está este ponto?

Por enquanto não nos resta senão repetir que alma e corpo, cara e sexo, morte e vida são realidades diferentes que têm nomes diferentes em cada civilização e, portanto, diferentes significados. Isto não é tudo: é impossível traduzir cabalmente de uma área cultural para outra os termos centrais de cada cultura: nem *mukti* é realmente liberação nem *nirvana* é extinção. O mesmo acontece com o *te* dos chineses, a *democracia* dos gregos, a *virtus* dos romanos e o *yugên* dos japoneses. Quando pensamos estar falando das mesmas coisas com um árabe ou com um esquimó, talvez estejamos falando de coisas diferentes; e não seria impossível que o contrário também ocorresse. O paradoxo dessa situação consiste no seguinte: não podemos reduzir a um padrão único e unívoco os diferentes significados de todos estes termos mas sabemos que, até certo ponto, eles são análogos. Sabemos também que constituem a comum preocupação de todos os homens e de todas as sociedades. Ao examinarmos detidamente esta dificuldade, percebemos que não nos deparamos propriamente com uma diversidade de realidades mas com uma pluralidade de significados. Poderão dizer-me, e com razão, que se não sabemos com segurança o que significam as palavras, menos ainda saberemos a que realidades se referem. É verdade, só que esta crítica atinge nossos próprios termos e não apenas aos alheios: também para nós as palavras vida, alma ou corpo são nomes mutáveis com significados mutáveis e que designam realidades mutáveis. Se aceitarmos o parecer da moderna filosofia da linguagem, devemos segui-lo até o fim: o que ela nos aconselha é que nos calemos – mas que nos calemos definitivamente. Talvez isto seja o mais racional, não é o mais sábio. Assim pois, sem desdenhar os lógicos, prossigo...

Cada uma das palavras que nos preocupam mantém, no seio de sua área linguística, relações mais ou menos definidas com as demais: vida com morte, sexo com espírito, corpo com alma. Estas relações, por certo, não são unicamente bilaterais. Podem ser triangulares e até circulares. Com efeito, há um circuito biopsíquico que vai de vida a sexo a espírito a morte a vida, Não obstante, a relação básica se dá entre pares. Pois bem, esta relação – seja qual for o significado particular dos termos que a compõem – é universal: existe em todo lugar e, quase seguramente, existiu em todos os tempos. Outra circunstância, não menos decisiva e determinante: em todo e qualquer caso não nos defrontamos com realidades mas com nomes. Em vista disso, não é exagero pensar que algum dia possamos construir, no campo das civilizações e tal como Lévi-Strauss e sua escola já o fazem no das sociedades primitivas, uma sintaxe universal. Reafirmo que essa sintaxe poderia ser constituída mesmo que (como tem ocorrido até agora) não se possa abordar plenamente o aspecto semântico. Primeiro é preciso saber como funcionam e se relacionam entre si os signos e, depois, averiguar o que significam. Essa investigação atingiria o problema de uma perspectiva oposta à que propõe Kroeber. A conjunção de ambas investigações seria o ponto de partida para uma verdadeira história do homem.

A relação entre os termos só pode ser, fundamentalmente, de oposição ou de afinidade. O excesso de oposição aniquila um dos termos que a compõem; o excesso de afinidade também a destrói. Portanto, a relação sempre está ameaçada, ou por uma conjunção exagerada ou por uma disjunção também exagerada. Além disso, o predomínio excessivo de um dos termos provoca desequilíbrio: repressão ou relaxamento. Da mesma forma, a igualdade absoluta entre ambos produz a neutralização e, consequentemente, a imobilidade. De tudo isso se deduz que a relação ideal exige, em primeiro lugar, um leve desequilíbrio de forças; a seguir, uma relativa autonomia de cada termo em relação ao outro. Esse ligeiro desequilíbrio se chama, por um lado, recurso de sublimação (cultura) e, por outro, possibilidade de irrigar a cultura com espontaneidade (criação); e essa limitada autonomia se chama liberdade. O essencial é que a relação não seja tranquila: o diálogo entre oscilação e imobilidade é o que infunde *vida* à cultura e *dá forma* à vida. Outra regra, inspirada como as anteriores nas que a antropologia estrutural descobriu: os termos só são inteligíveis em relação e não isoladamente considerados. Algo que Chuang Tzu já tinha dito: a palavra vida só tem sentido frente à palavra morte, o calor ante o frio, o seco em oposição ao úmido. Finalmente, na impossibilidade de traduzir os termos que em cada civilização compõem a relação (alma/corpo, espírito/natureza, purusa/prakriti, etc.) o melhor seria usar dois signos lógicos ou algébricos que englobassem a todos. Ou então, as palavras *corpo* e *não-corpo*, sempre e quando se entenda que não possuem significação alguma, exceto a de expressar uma relação contraditória. *Não-corpo* não quer dizer nem *atman* nem *te* nem psique; simplesmente é o contrário de *corpo*. Por sua vez, *corpo* não possui nenhuma conotação especial: denota o contrário de *não-corpo*.

Acho que se as observações que acabo de fazer fossem mais completamente desenvolvidas, a ponto de receberem uma formulação sistemática, talvez fosse possível elaborar com elas um método de investigação aplicável tanto ao estudo das sociedades quando ao dos indivíduos. Digo indivíduos e não apenas sociedades porque também neles e em suas obras, como vimos nas de Velázquez e Posada, os signos *corpo s não--corpo* se opõem ou se reúnem. Deixo claro que minha proposição é bem modesta; sugiro algo menos que uma sintaxe ou uma morfologia das culturas: um termômetro. Um instrumento bem simples para medir os graus de frio ou de febre de um espírito e de uma civilização. O quadro das temperaturas de uma sociedade num período mais ou menos longo não equivale, é claro, à sua história, mas nele as curvas de subida e descida são um índice precioso de sua vitalidade, sua resistência e sua capacidade de enfrentar outras caídas e subidas. A comparação entre o quadro de temperatura de diferentes civilizações pode nos ensinar, ou melhor, confirmar o que todos nós sabemos empiricamente: que existem civilizações frias, civilizações quentes e outras nas quais os períodos de febre se alternam bruscamente com os de gelo. E como morrem as civilizações? Umas, as frias, por uma explosão de calor; as quentes por um lento resfriamento que produz um dessecamento e, depois, uma pulverização; outras, demasiado recolhidas, perecem ao se expor às intempéries e outras dormem milênios na tepidez de uma temperatura normal ou se suicidam no delírio da febre.

Ainda que nunca de uma maneira explícita e sistemática, muitas vezes se têm estudado as relações entre os signos que orientam a vida das civilizações. Basta recordar os trabalhos de Georges Dumézil sobre os indo-europeus e o que ele chama sua "ideologia tripartida". Trata-se de uma hipótese tão arriscada quanto fecunda e que abre um novo caminho não só para os estudos de mitologia comparada como também para os das diferentes civilizações. Talvez algum dia alguém ouse estudar as civilizações do Extremo Oriente (China, Coréia, Japão) e as da América pré-colombiana a partir da perspectiva descoberta por Dumézil. Este estudo talvez verificasse o que muitos de nós suspeitamos: a tendência de ambas civilizações a pensar em termos quadripartidos é algo mais que uma mera coincidência. Talvez a dualidade, o pensamento por pares, seja comum a todos os homens e o que distinga as civilizações seja a maneira de combinar o par básico: estruturas tripartidas, quadripartidas, circulares... Outro exemplo, agora dentro de um período histórico determinado: o clássico estudo de Huizinga sobre o fim da Idade Média. O historiador holandês descreve as relações encarniçadas do princípio do prazer e do instinto de morte, as repressões do segundo e as rebeliões do primeiro, a função do desperdício e do holocausto nos torneios e no erotismo, a avareza e a prodigalidade dos príncipes e a encarnação de todas estas tensões contraditórias nas figuras antitéticas de Luís XI e de Carlos o Temerário. Pode-se também estudar o sucessivo e alternado predomínio de cada um destes princípios (signos) ao longo da história de uma civilização. O que já se fez várias vezes e de um modo brilhante. Um dos campos favoritos de exploração é o contraste, no Ocidente, entre o tom espiritual exaltado dos séculos XII e XIII e a coloração sensual do Renascimento. Neste âmbito devemos a E. R. Dodds uma magistral descrição da origem e da progressiva e asfixiante dominação do conceito de *alma* sobre as antigas crenças gregas até que a rebelião do *corpo* viesse a desintegrar a fábrica da ética social[5]. O próprio Dodds publicou outro livro (*Pagan and Christian in an Age of Anxiety*, Londres, 1965) que pode ser considerado como o complemento do anterior. Abarca o período que vai de Marco Aurélio a Constantino. Em seu primeiro livro, descreve a rebelião do irracional (*corpo*) contra os rigores da filosofia clássica e de suas construções racionais; no segundo, examina o contexto irracional e angustiado da civilização antiga em seu

---

5. *The Greeks and the Irrational*, Londres, 1951.

...só que são árvores que sorriem [p. 39]

...*o sadismo asteca e seu puritanismo sexual* [p. 46]

crepúsculo e a transformação desses impulsores numa nova racionalidade religiosa (*não-corpo*). Os livros de Dodds, por certo, não são apenas isso, mas o que desejo destacar é a intervenção decisiva dos signos a que chamei *corpo* e *não-corpo*. A comparação entre diferentes civilizações é o domínio em que reina, ou reinava até a algum tempo atrás, Toynbee. Foi, anteriormente, o de Spengler, hoje desacreditado – e nem sempre com justiça. Entre os estudos recentes deste gênero há um muito estimulante para nós, latino-americanos, de Jacques Soustelle: *Les Quatres Soleils* (Paris, 1967). Nesse livro o antropólogo francês oferece um punhado de reflexões sobre o provável destino da civilização do Ocidente. A particularidade do ensaio reside na perspectiva do autor que é a das concepções cosmogônicas dos antigos maias e mexicanos. Creio que é a primeira vez que alguém contempla a história universal do ponto de vista da civilização mesoamericana. Soustelle chama a atenção para a surpreendente modernidade do pensamento pré-colombiano[6]. De minha parte sublinho que essa cosmogonia em perpétua rotação, feita da alternada primazia do princípio criador e do destruidor, revela um pessimismo e uma sabedoria não menos profundos que os de Freud. É um novo exemplo, talvez o mais claro, da relação dinâmica entre os signos *corpo* e *não-corpo*. Outra analogia: na filosofia do movimento dos mesoamericanos, a noção de catástrofe cósmica – o fim de cada sol ou era por um cataclismo – equivale à nossa moderna noção de *acidente*, tanto nas ciências como em nossa vida histórica. (Desenvolvo mais adiante esta observação.) À modernidade de sua ideia acerca da instabilidade e precariedade da existência – um cosmos que se destrói e se recria continuamente – deve-se acrescentar outro traço que os aproxima ainda mais de nós: o excessivo crescimento dos instintos agressivos na fase final dessa civilização. O sadismo da religião asteca e seu puritanismo sexual, a instituição dá "guerra florida" e o caráter rigoroso das concepções políticas tenochcas são expressões de uma disjunção exagerada entre os

---

6. Soustelle faz várias observações agudas sobre um tema que é, ou que deveria ser, vital para nós: a viabilidade de uma futura civilização "indo--latina", mais ou menos "filiada" à ocidental. Este livro, pelo que me consta, não foi comentado pelos historiadores e antropólogos mexicanos. Tampouco pelos historiadores e antropólogos dos demais países latino--americanos. É lamentável e, também, revelador.

signos *corpo* e *não-corpo*. Entre nós isso corresponde à ideia da técnica como vontade de poder, ao auge das ideologias militares, ao puritanismo dos países do Este europeu e à sua contrapartida: a promiscuidade fria e não menos fanática do Oeste e, por fim, ao ânimo guerreiro de todas as nossas empresas, sem excluir as mais pacíficas. A própria estética é militar entre nós: vanguarda, investidas, rupturas, conquistas. O paralelo com a arte náhuatl é surpreendente: o sistema simbólico da poesia asteca – metáforas, comparações, vocabulário – era uma espécie de duplo verbal da "guerra florida" que, por sua vez, era o duplo da guerra cósmica. O mesmo sistema analógico regia a arquitetura sacra, a escultura e as demais artes; todas são representações do movimento universal: a guerra dos deuses, a dos astros e a dos homens.

Todos esses exemplos revelam que há uma espécie de *combinatória* dos signos centrais de cada civilização e que da relação entre esses signos depende, até certo ponto, o caráter de cada sociedade e inclusive seu porvir. Na segunda parte destas reflexões mostrarei, de modo mais concreto e sistemático, as formas – algumas formas – de união e separação dos signos. Em todos os casos, e por mais marcante que seja a disjunção ou a conjunção, a relação não desaparece. A associação dos signos, seja ela tensa ou tênue, é o que diferencia a nós, homens, dos demais animais. Ou seja: o que nos faz seres complexos, problemáticos e imprevisíveis. Como a dialética da oposição e da fusão se exerce em todos os homens e em todas as épocas, utilizarei o método da comparação. Vou me servir de exemplos extraídos do Ocidente, da Índia e da China pelo seguinte motivo: penso que a civilização indiana é o polo oposto da ocidental, a *outra versão do mundo indo-europeu*. A relação entre Índia e Ocidente é a de uma oposição dentro de um sistema. A relação de ambos com o Extremo Oriente (China, Japão, Coréia e Tibete) é a relação entre dois sistemas diferentes. Assim, no caso destas reflexões, os exemplos chineses não são nem convergentes nem divergentes: são excêntricos. (Qual seria o outro polo do mundo da China e do Japão? Talvez a América pré-colombiana.) Por último, seria uma ofensa ao bom senso do leitor adverti-lo de que não pretendo reduzir a história a uma combinação de signos como a dos hexagramas do *I Ching*. Os signos, sejam os do céu ou os da ciência moderna, não dizem nosso destino: nada está escrito.

## 3. EVA E PRAJÑĀPARAMITĀ

*A Yaksi e a Virgem*

Seja qual for o nome e a significação particular de *corpo* e de *não-corpo* dentro de cada civilização, a relação entre estes dois signos não pode deixar de ser instável. As noções de saúde e de normalidade são inaplicáveis neste domínio, já que essa relação é precisamente a expressão de nossa "doença" constitucional: ser animais que secretam cultura, espírito, sublimações. Por outro lado, por mais oscilante e precária que seja a relação – perpetuamente exposta às investidas de morte e vida, de cara e sexo – há também raros momentos de equilíbrio dinâmico. Insisto em que esses momentos não são de trégua mas de diálogo contraditório e criador. Mencionei a arte budista indiana que vai de Bhārhut e Sāñchi a Mathurā, Kārlī e Amarāvatī; um exemplo paralelo no Ocidente seria a arte da Idade Média, do românico ao gótico. Na primeira acentua-se o corpóreo, por oposição complementar ao intelectualismo crítico e ao rigor ascético do budismo; frente ao catolicismo medieval – mais corporal e menos radical em sua crítica do mundo e da existência – as figuras das virgens e dos santos, pela mesma lei da oposição complementar, afirmam o elemento espiritual e incorpóreo. Os gênios da fertilidade masculina e feminina (*yaksa* e *yaksí*) e os pares eróticos (*maithuna*) que cobrem as partes exteriores das *caityas* rodeiam o próprio santuário do vazio: um homem desencarnado, o Buda; as virgens, santos e anjos das catedrais medievais, o de um deus encarnado, o Cristo. O extremo da desencarnação é a representação do Buda por meio de seus símbolos não-icônicos: o estupa, a árvore da iluminação, o trono, a roda da doutrina; a resposta a esta abstração é a vitalidade e a sensualidade das esculturas das *yaksis*. O extremo da encarnação é a representação do nascimento do Cristo e dos episódios de sua vida terrestre, sobretudo o de sua paixão e sacrifício; a resposta ao sangue e ao corpo martirizado do deus-homem é o voo celeste e a transfiguração dos corpos.

A grande arte budista coincide com o aparecimento, por volta do primeiro século depois de Cristo, dos primeiros *Sūtra Prajñāparamitā* – origem da tendência *mādhya-mika*. Esta doutrina professa um relativismo radical que a leva a sustentar como única realidade a vacuidade absoluta (*śūnyatā*). Por ser tudo relativo, tudo participa da não-realidade absoluta, tudo é vácuo; lança-se assim uma ponte entre o mundo fenomenal (*samsāra*) e a vacuidade; entre a realidade deste mundo e sua irrealidade. De um lado, realidade e irrealidade são termos relativos, interdependentes e opostos; de outro, são idênticos. Por sua vez, a arte da Alta Idade Média é contemporânea da escolástica, que aprofunda e refina a noção aristotélica dos graus do ser, tal como expressa o realismo moderado de Santo Tomás de Aquino. Assim, pois, as duas religiões postulam diferentes níveis de realidade ontológica, a primeira em direção à vacuidade e a segunda em direção ao ser pleno. Esses níveis são graus ou mediações entre o corpóreo e o espiritual, o princípio do prazer e o da extinção. Desta maneira, abrem um leque de possibilidades combinatórias dos signos contraditórios. Daí que apareçam, tanto nos santuários budistas como nas catedrais cristãs, monstros grotescos e representações licenciosas ou cômicas ao lado das imagens do Buda, do Cristo e de seus símbolos sagrados. Entre o infra mundo e o mundo superior há uma graduação de modos do ser – ou de modos da vacuidade. Nos dois casos, o equilíbrio consiste, como já disse, num leve desequilíbrio: corporeidade e sensualidade do budismo e, no catolicismo medieval, transfiguração espiritual dos corpos. Uma religião que nega realidade ao corpo, o exalta em sua forma mais plena: o erotismo; outra, que fez da encarnação seu dogma central, espiritualiza e transfigura a carne.

A evolução divergente destes dois movimentos – a dialética inerente à relação contraditória entre os signos *corpo* e *não-corpo* – é exemplar em ambas religiões. O budismo nasce num meio não-sacerdotal e aristocrático: Gautama pertencia ao clã real dos *śākya* e era, portanto, de casta guerreira; sua predica foi acolhida imediatamente pelos nobres e, sobretudo, pelos mercadores, de sorte que logo se converteu na religião de uma classe urbana, cosmopolita e opulenta; em sua última expressão indiana – o tantrismo – se transforma numa religião de místicos errantes, fora da sociedade e florescente nas castas populares. O cristianismo nasce num meio sacerdotal e proletário: Jesus é filho de um carpinteiro e descendente da casa de David; os primeiros cristãos pertencem ao mundo que vive na periferia social do Império romano; depois o cristianismo tornou-se a religião oficial de um Império e, mais tarde, ele próprio adotou uma organização imperial; em sua forma final, o protestantismo, se converte na religião ascética do capitalismo.

Não é exagero afirmar que o cristianismo termina no ponto em que começa o budismo. Este último, ao iniciar sua carreira de religião universal, era uma seita a mais entre as que, no século VI antes de Cristo, empreendiam a crítica da religião bramânica e repensavam a tradição dos *Upanisads*. As figuras de Gautama, Mahavira e outros reformadores religiosos fazem lembrar, neste sentido, os teólogos da primeira época da Reforma, os Lutero, Zwinglio e Calvino. Mas no curso de sua história o budismo descarta cada vez mais suas tendências originais, críticas e morais, para acentuar progressivamente seus traços metafísicos e rituais: os sistemas filosóficos Mahayana, o culto à imagem do Buda, a aparição dos Bodisatvas como salvadores dos homens, a doutrina da composição universal dos Budas, a perfeição e complexidade progressiva do ritual e das cerimônias. Etapas: crítica da religião tradicional; filosofia religiosa; religião metafísica; religião ritualista. Uma evolução contrária se observa no cristianismo: nasce como uma doutrina de salvação e como um anúncio do fim do mundo, ou seja, como uma verdadeira religião e não apenas como uma crítica nem uma simples reforma do judaísmo; resiste ao pensamento pagão e cria, com os Padres da Igreja, uma filosofia; constrói na Idade Média um grande sistema metafísico; passa, na Reforma, da metafísica à crítica e do rito à moral. Movimentos análogos e em direções opostas: no budismo, da crítica e da moral à metafísica e à liturgia; no cristianismo, passagem da metafísica à moral e, na esfera ritual, esvanecimento paulatino da noção de eucaristia, ou seja, supremacia da palavra evangélica (a moral) sobre a presença divina (o sacramento). Encarnação e desencarnação.

A evolução dos estilos artísticos não oferece, à primeira vista, a mesma correspondência. Trata-se, no meu entender, de um erro de perspectiva. Se delimitarmos com certa precisão o campo da visão, a simetria inversa reaparece, embora sem a mesma nitidez que a encontrada na evolução histórica e religiosa. A primeira dificuldade consiste em que nem a arte cristã nem o budismo coincidem, respectivamente, com os limites espaciais e temporais das civilizações do Ocidente e da índia. Portanto, deve-se determinar a área da comparação: num caso, a arte cristã do Ocidente, com exclusão da arte do cristianismo primitivo (apêndice greco-romano), do bizantino, do copta e do sírio; no outro, a arte budista indiana, também com exclusão da arte greco-romana-budista e as da China, Coréia e Japão, mas sem excluir as do Ceilão, Java, Camboja e Birmânia, que fazem parte, do ponto de vista dos estilos, da civilização indiana. (Nepal e Tibete ocupam um lugar intermediário e singular.) O segundo obstáculo à comparação é a diferente evolução das duas civilizações. Convém delimitá-las de novo: a do Ocidente está filiada diretamente, para empregar o vocabulário de Toynbee, à greco-romana; o caso da índia é mais difícil: o mundo védico representa o mesmo que a civilização greco-romana para o Ocidente ou seria simplesmente o primeiro período da civilização indiana? Seja qual for nossa resposta a esta pergunta, é claro que por volta do século VI a.C. se inicia algo de novo na índia – uma nova fase dentro da civilização védica ou uma nova civilização[1]. Pois

---

1. A relação entre a civilização do Indo e a da índia é, pelo menos, duvidosa. Além de estarem separadas por um milênio ou mais, a do Indo parece ter mais afinidade com o mundo mesopotâmico e, especialmente,

bem, Kroeber distingue duas fases na civilização ocidental: a católica medieval e a moderna. O apogeu da Alta Idade Média foi seguido de uma etapa de desintegração e confusão, à qual sucedeu, por uma revolucionária recombinação dos elementos de nossa civilização, um novo período: este que agora vivemos e que, ao que parece, chega a seu fim. No Ocidente ocorreu o que o próprio Kroeber chama "a reconstitution within civilizations". Com efeito, entre o universo de Newton e o de Einstein existem diferenças mas ambos são o mesmo universo; o de Santo Tomás e Abelardo já é outro universo, diferente do nosso. Por outro lado, a índia não conheceu, do século VI a.C. ao século XIII, nada semelhante ao Renascimento, à Reforma, ao Século das Luzes e à Revolução Industrial. Não houve "reconstituição" mas repetição, maneirismo, auto imitação e, por fim, esclerose. Não foram as invasões dos hunos brancos que acabaram com a civilização indiana, se bem que a tenham alquebrado; o fator determinante foi a incapacidade de se reconstituir ou de se autofecundar. Duas circunstâncias talvez expliquem a lenta petrificação da índia e sua final pulverização medieval: primeiro, que a Reforma (o budismo) tenha se situado no começo dessa civilização; segundo, que o triunfo da Contra Reforma hindu tenha desalojado as classes burguesas, patronas do budismo, do centro da vida social e colocado em seu lugar, ao ruir o império dos Gupta, os chefes de armas locais e os brâmanes. Isto significou o fim da monarquia central e, consequentemente, de um Estado pan-indiano: consolidação do feudalismo e do regime de castas. A civilização indiana terminou naquilo que os historiadores, com involuntária propriedade, chamam de Idade Média hindu. Pode-se dizer, portanto, que em linha gerais a história indiana é um processo simétrico e inverso ao do Ocidente... Tudo o que se disse anteriormente leva a esta conclusão: para que a comparação tenha sentido ela deve ser feita entre a primeira fase da civilização ocidental (catolicismo medieval) e a civilização indiana desde o século VI a.C. Não importa a disparidade de tempos: o que ocorreu em cerca de dois mil anos na índia, passou-se no Ocidente em menos de um milênio.

com o sumério-babilônico. Não obstante, no hinduísmo aparecem traços que talvez procedam de Mohenjo Daro e de Harappa, tais como o culto de Siva e da Grande Deusa. Há quem suponha até que as práticas da ioga e o regime de castas tenham a mesma origem pré-ária

A primeira analogia inversa é a relação da arte cristã do Ocidente com a greco-romana e a da arte budista indiana com a chamada arte de Gandhāra (na verdade, greco-romana-budista). No Ocidente, relação de filiação; na Índia, uma arte de civilizações estrangeiras levada à região do noroeste e à planície gangética por invasores também estrangeiros. Em seguida: o Ocidente assimila a herança greco-romana, absorve as influências bizantinas e bárbaras e cria uma arte própria que não se estende a outras civilizações; a Índia absorve a influência estrangeira só para se opor a ela com mais vigor (Mathurā) e exporta essa arte forasteira, já indianizada, para a Ásia Central, China e Japão. A segunda analogia inversa se deduz da comparação entre a evolução da arte cristã e a do budismo com relação à arte de outras religiões: a arte cristã, em seu período pré-ocidental, utiliza as formas da arte paga; a budista, a partir sobretudo da dinastia gupta, se confunde estilisticamente com a arte hindu. Terceira analogia: a arte cristã começa antes da civilização do Ocidente, converte-se na única arte do Ocidente e não transpõe as fronteiras dessa civilização; a arte da Índia começa por ser, predominantemente, a arte do budismo, posteriormente expressa sobretudo o hinduísmo e, uma vez extinta, ou agonizante esta civilização, prolonga-se ainda com extraordinário brilho no Cambodja e na Birmânia[2].

As analogias anteriores são por demais toscas e globais. A simetria inversa se torna mais precisa se se compararem mais de perto os diferentes períodos estilísticos da arte cristã do Ocidente e da indiana budista. No Ocidente os historiadores de arte distinguem quatro momentos: o formativo, o românico, o gótico e o gótico florido. A periodização da arte indiana é mais incerta e o vocabulário ainda mais vago. Em geral mencionam-se três etapas: a budista, a gupta e pós-gupta e a medieval hindu. Por sua vez, tanto por sua duração quanto por suas alterações estilísticas, o período budista pode e deve ser dividido em dois: um formativo, que guarda certas semelhanças com o do Ocidente, e que tem sua mais acabada expressão nas balaustradas do estupa de Bhārhut; o outro, o do meio-dia: Mathurā, Sāñchī (*toranas* do grande estupa), Amarāvatī, Nāgār junanikonda, Kārlī. O período inicial é pre-

---

2. A evolução do jainismo é curiosa: começa como um rival menor do budismo e termina por se converter numa variante do hinduísmo.

cedido por uma etapa em que o budismo primitivo não possui o que se chama propriamente um estilo artístico; ao gótico florido, o último no Ocidente, seguem-se uma mudança estilística, que é uma ruptura total com a cristandade medieval (o Renascimento), e um movimento religioso que não possui tampouco um estilo próprio: a Reforma.

Os relevos de Bhārhut são a primeira grande obra da arte indiana. Com essas admiráveis esculturas nasce o estilo de uma civilização. Um estilo que, nem as mudanças históricas e religiosas, nem as influências estrangeiras – como a de Gandhāra – modificarão substancialmente, e que se prolonga até os séculos XIII e XIV. Antes de Bhārhut não há nada que mereça o nome de estilo: nem os estupas que vêm do período védico, nem a arte cosmopolita da dinastia Maurya. O período formativo da arte do Ocidente surge também de uma zona indecisa em matéria de estilo: as influências bárbaras, as bizantinas e o passado greco-romano. A arte carolíngia é uma tentativa falida de ressurreição de um estilo imperial; a dos Mauryas é outro intento, também falido, de adoção de um estilo imperial alheio[3]. A arte do Ocidente e a da Índia, em seus períodos formativos, são tanto uma reação contra os dois falsos universalismos que as precedem (arte carolíngia e cosmopolitismo greco-persa dos Mauryas) como uma transformação da herança mais própria: num caso o passado greco-romano e a arte bárbara e, no outro, o estupa védico ou pré-védico. São dois estilos que se buscam a si próprios e que se encontram, respectivamente, em Cluny e em Bhārhut. Estas semelhanças externas tomam mais reveladoras as oposições de sentido e de orientação espirituais. Em Bhārhut a balaustrada em volta do símbolo não-icônico do Desencarnado é uma declarada exaltação da vida sensual e profana. A separação é absoluta mas a representação de cenas das vidas anteriores do Buda (*jātakas*)

---

3. Ananda Coomaraswamy assegura que não existe tal influência persa e que os pilares e capiteis de Asbka revelam mais uma relação geral com a arte da Ásia ocidental, especialmente a da Babilônia e da Assíria, do que com Persépolis. No meu modo de entender tudo parece indicar o contrário: as relações estreitas dos Mauryas com os Seleucidas; a presença de artesãos persas e gregos em Pataliputra, capital do Império indiano; sobretudo, o caráter polido e acabado desses pilares e das figuras de animais que coroam os capiteis, na melhor tradição da arte híbrida, oficial e imperial da corte do Grande Rei e de seus sucessores gregos.

lança uma ponte entre os atributos do signo *corpo* e a ausência de atributos do signo *não-corpo*. A arte bizantina tinha estilizado a presença até convertê-la em símbolo atemporal; as artes dos bárbaros também tendiam à abstração e à ornamentação; em ambas tendências predomina o signo sobre a figura humana, a Unha sobre o volume: antiescultura. A arte medieval cristã reinventa a arte da escultura que é, antes de mais nada e sobretudo, a representação da figura sagrada: o corpo do Deus encarnado. A primeira grande obra da escultura românica é, provavelmente, o tímpano do frontispício de Saint-Pierre de Moissac. É uma representação do Juízo Final: a figura do Senhor – hierática, irradiante, imensa – rodeada de vivazes e minúsculas figuras. O contraste é significativo: em Bhărhut o Nada é deus e tudo o adora; em Saint-Pierre o ser é Deus e rege o todo.

Os dois momentos seguintes são: na índia, o apogeu da arte budista indiana e, no Ocidente, a maturidade do românico. Já me referi à terrestre sensualidade *das yaksis* de Kārlī, Mathurā e Sāñchī; assinalo agora a vitalidade, ora demoníaca, ora divina, da escultura românica. Num caso, o corpo em sua expressão mais elementar, sensual e direta; no outro, o corpo enfeitiçado por forças e impulsos ultramundanos impalpáveis. A contrapartida: no budismo, a dissolução dos mundos; no cristianismo, a ressurreição da carne. Nesta época é que se começa a representar o Buda como uma presença e não unicamente por meio de seus símbolos. Esta mudança é uma das consequências da grande revolução religiosa que o budismo experimenta: os *Sūtras Prajñāpāramitā* proclamam a doutrina dos Bodisatvas; um pouco depois, Nāgārjuna e seus seguidores elaboram e refinam a noção de *śūnyatā*. Em primeiro lugar, introduz-se um elemento afetivo no austero rigor budista: as figuras dos Bodisatvas que, movidos pela compaixão, renunciam ao estado búdico, ou melhor, o transcendem – sua missão é salvar todos os seres vivos[4]; em segundo lugar, graças ao

4. O ideal do budismo hinayana é o *Arhat*, o asceta que pela concentração e pela meditação alcança o Nirvana e abandona o mundo fenomenal (*samsāra*); o budismo mahayana exalta a figura do Bodisatva, em quem a "Perfeita Sabedoria" se une à Compaixão, na sua última forma (*Vajrayāna*) o budismo tântrico acentua o elemento passional da Compaixão. Portanto, quando me referir ao tantrismo, mais adiante, escreverei (com) Paixão, embora a palavra sânscrita seja a mesma: *Karuna*.

relativismo radical de Nāgārjuna, o budismo recupera o mundo. A ponte entre a existência e a extinção deixa de ser uma ponte: a vacuidade é idêntica à realidade fenomenal e perceber sua identidade, realizá-la, é saltar para a outra margem, alcançar a "Perfeita Sabedoria" (*prajñā-paramitā*). A arte românica conjuga as ideias de ordem e ritmo. Concebe o templo como um espaço que é o âmbito do sobrenatural. Mas é um espaço terrestre: o templo não quer escapar à terra, mas, traçado pela razão e medido pelo ritmo, é o lugar da manifestação da Presença. O velho espírito grego e mediterrâneo, em sua dupla inclinação pela forma humana e pela geometria, expressa-se outra vez, e agora numa nova linguagem... Na Índia, uma racionalidade estrita e devastadora rompe os limites entre a realidade fenomenal e o absoluto e recupera o signo *corpo* que deixa de ser o oposto de *não-corpo*. No Ocidente, a razão traça os limites do espaço sagrado e constrói templos à imagem da perfeição absoluta: morada terrestre do *não-corpo*. São os dois grandes momentos do budismo e do cristianismo e em ambos se alcança, já que não uma impossível harmonia entre os dois signos, um equilíbrio dinâmico: uma plenitude.

A arte gupta e pós-gupta corresponde, em sentido inverso, ao gótico. Primeira diferença: o período gupta e pós-gupta é antes de mais nada uma época de renascimento hindu, especialmente visnuíta. A grande inovação em matéria de arquitetura é a invenção do protótipo do templo hindu, ao passo que a escultura budista é bem menos interessante[5]; o mesmo deve ser dito da arquitetura e da pintura (os afrescos, tardios, de Ajantá nos dão uma ideia do que deve ter sido esta última). Assim, contrariamente ao que ocorre no Ocidente, um mesmo estilo artístico serve para expressar diferentes instituições e tendências religiosas: hinduísmo, budismo, jainismo. O mesmo sucedera antes, só que nos dois primeiros períodos a arte indiana tinha sido essencialmente budista e neste o budismo não só coexiste com o hinduísmo como também termina cedendo-lhe o lugar central. No Ocidente há uma só religião e um único estilo; na Índia, várias religiões com um mesmo estilo. A transformação no Ocidente é artística: passa-se do românico ao gótico. Na Índia não há transformação mas amadurecimento de um estilo e começo de um maneirismo; a

---

5. Cf. HERMANN GOETZ, Índia, Art of the world series, Londres, 1959.

verdadeira transformação é religiosa: crescem as tendências teístas[6] e o budismo exagera e complica seu panteão. A arte gótica é sublime: a catedral não é o espaço que recebe a presença mas que voa até ela. O signo *não-corpo* volatiliza as figuras e a própria pedra é possuída de uma ânsia espiritual. A arte gupta é sensual até mesmo em suas expressões mais espirituais, tais como os rostos contemplativos e sorridentes de Visnu ou do Buda. O gótico é flecha ou espiral atormentada; o estilo gupta ama a curva que, enredando-se ou expandindo-se, palpita: o fruto, os quadris, o seio.

A espiritualidade sensual pós-gupta – tal como é vista em Ajantã, Elefanta ou Mahabalipuram – já é um estilo de tal modo sábio que não tarda a desembocar num barroquismo: as imensas e delirantes catedrais eróticas de Khajuraho e Konarak. O mesmo acontece, em direção inversa, com o gótico florido. Nos dois estilos triunfa a linha sinuosa e nos dois a linha se enlaça, se desenlaça e torna a se enlaçar até criar uma vegetação espessa. O templo como um bosque feito mais de ramos e folhas do que de troncos: proliferação supérflua tanto do espiritual quanto do corporal. Em ambos: manipulação místico-erótica. Incêndios lavrados: o signo *não-corpo* é todo-poderoso no gótico florido; o signo *corpo* cobre as paredes dos templos hindus. Esta semelhança estilística põe em destaque três oposições de ordem histórica. A primeira: a arte da chamada Idade Média indiana é predominantemente hindu e subsidiariamente budista, enquanto que o gótico florido é exclusivamente cristão. A segunda: a arte indiana sobrevive e ainda se regenera fora da índia, sobretudo em Angkor, enquanto que a cristã se extingue no Ocidente. Finalmente, depois da arte medieval hindu não há mais nada na índia: é o fim não só de um estilo mas de uma civilização; depois do gótico florido, surge outra arte e um novo Ocidente.

Todas estas semelhanças e oposições resumem-se em apenas uma: a do budismo primitivo e da reforma protestante. Duas religiões sem estilo artístico próprio: uma porque ainda não o havia criado, a outra porque havia desprezado o que lhe oferecia o catolicismo romano. Ora, por mais austera que seja, uma religião sem liturgia, símbolos, templos ou alta-

---

6. O termo teísmo é equívoco: a adoração de um deus feito homem ou imagem não implica, de maneira nenhuma, a noção de um deus criador e único como no Ocidente.

res, não é uma religião. Assim, o budismo primitivo utilizou o estilo que tinha à mão e o modificou como pôde; o mesmo fez o protestantismo. Embora não conheçamos os santuários do budismo primitivo, os testemunhos da literatura e da arqueologia nos dão uma ideia bastante aproximada[7]. Não devem ter sido muito diferentes das igrejas protestantes: a mesma sobriedade ou simplicidade; o mesmo horror pelas imagens realistas do Crucificado e do Iluminado; a mesma veneração pelos símbolos abstratos: a cruz e a roda, o livro e a árvore... Esta breve descrição do duplo movimento da arte budista indiana e da cristã medieval – um que vai da desencarnação à encarnação e outro da encarnação à desencarnação – mostra que em certos momentos elas coincidem quase completamente. Coincidência ilusória: cada religião segue seu próprio caminho e não cruza com a outra nem no tempo nem no espaço. Cada uma traça uma espiral sem saber que reproduz, em sentido inverso, a traçada pela outra, como se se tratasse de uma duplicação, embora mais perfeita e complexa, desse jogo de simetrias que Lévi-Strauss descobriu no sistema mitológico dos índios americanos. Não é difícil deduzir a conclusão de tudo isto: se essas religiões não se tocam na história, cruzam-se nestas páginas. E cruzam-se porque o espírito de todos os homens, em todos os tempos, é o teatro do diálogo entre o signo *corpo* e *não-corpo*. Este diálogo *são* os homens.

A seguir apresento um quadro que mostra as relações – semelhanças e oposições – entre a arte cristã e a budista indiana:

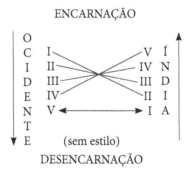

7. Cf. *Histoire du Bouddhisme Indien*, de ÉTIENNE LA-MOTTE, Lovaine, 1958.

Os algarismos romanos da coluna esquerda (Ocidente) designam: I) Período formativo (pós-carolíngio); II) Românico; III) Gótico; IV) Gótico florido; V) Reforma protestante (sem estilo próprio). Na coluna direita (índia): I) Budismo primitivo (sem estilo próprio); II) Período formativo (pós-muraya); III) Arte de Mathurā, Sanchi, Andhra e da índia ocidental; IV) Gupta e pós-gupta; V) Idade Média hindu.

*Juízo de Deus, Jogos de Deuses*

A última e mais extrema expressão da corporificação budista é o tantrismo; a fase final e mais radical da sublimação cristã é o protestantismo. O paralelo entre estas duas tendências religiosas é duplamente impressionante: por ser ele exemplo de um exagerado desequilíbrio entre os signos *corpo* e *não-corpo*, e porque esse desequilíbrio comum assume, novamente, a forma de uma simetria inversa. As oposições entre o tantrismo e o protestantismo são do gênero luz e sombra, calor e frio, branco e negro. Ambos se defrontam com o conflito insolúvel entre o corpo e o espírito (vacuidade para o budista) e ambos o resolvem através de um exagero. O protestantismo exagera a separação entre o corpo e o espírito, em benefício -do segundo; o tantrismo postula a absorção do corpo, também em benefício do "espírito" (vacuidade). Os dois são ascéticos, só que num predomina a repressão do corpo e no outro sua reintegração. Duas atitudes que engendram dois tipos obsessivos de sublimação: uma delas moral e utilitária, a outra amoral e mística.

Como se sabe, há um tantrismo hindu e um tantrismo budista. As manifestações tanto de um como de outro, na esfera das práticas rituais e contemplativas (*sādhanā*) como na da doutrina e da especulação, são, por vezes, indistinguíveis. As relações entre estas duas tendências não foram inteiramente elucidadas e os especialistas discutem ainda se se trata de um empréstimo hindu (*sāktismo* e *sivaismo*) feito ao budismo ou vice-versa. O mais provável é que sua origem tenha sido comum e que tenham crescido simultânea e paralelamente mas sem nunca se confundirem completamente. Não obstante, a opinião mais recente tende a sustentar a anterioridade e a influência do budismo tântrico sobre o hindu. Com efeito, segundo André Bareau, já desde o século III aparecem traduções para o chinês de fórmulas tântricas budistas (*dhāraṇī*). O peregrino Hiuan-tsang, que visitou a Índia quatro séculos mais tarde, "assinala que os monges budistas da província de Uddiyāna recitavam as mesmas fórmulas". Os dois grandes focos do tantrismo budista foram, na Índia ocidental, a região de Uddiyāna (o vale de Swat) e, na oriental, os atuais estados de Bengala, Bihar e Orissa. Nestes últimos, o tantrismo (hindu) ainda está vivo. Embora a história do tantrismo esteja por ser feita, não resta dúvida que as suas duas ramificações são expressões de um tronco comum. O diálogo entre budismo e hinduísmo se transforma, no tantrismo, em algo parecido a um dueto amoroso: arrebatados pela mesma melodia, cada um dos protagonistas adivinha as palavras do outro.

Agehananda Bharati observa que o tantrismo hindu e o budista não contêm nenhuma novidade especulativa, ou pelo menos nada que já não esteja nas doutrinas do hinduísmo e nas do budismo mahayana[8]. A originalidade de ambos está nas práticas e, sobretudo, na ênfase com que proclamam a eficácia dessas práticas: a liberação (*mukti/śūnyatā*) é uma experiência que podemos realizar aqui e agora. Ambas tendências coincidem ao afirmarem que essa experiência consiste na abolição ou fusão dos contrários: o feminino e o masculino, o objeto e o sujeito, o mundo fenomenal e o transcendental. Um absoluto que é o ser pleno para o hindu e a vacuidade inefável para o budista. A tradição indiana afirmara também, e quase nos mesmos termos, a abolição ou fusão dos contrários (*samanvaya*) e a ascensão a um estado de deleite indescritível, comparável ao de nossos místicos: união com o absoluto (*ānandà*) ou dissolução na vacuidade (*samatā*) ou, ainda, regresso ao princípio do princípio, ao inato (*sahaja*). O traço característico do tantrismo consiste na decisão de abandonar a esfera conceitual e a da moralidade corrente (boas obras e devoção) para se internar numa verdadeira "noite escura" dos sentidos. O tantrismo predica uma experiência total, carnal e espiritual, que deve verificar-se concreta e realmente no rito.

Tanto o tantrismo budista como o hindu reatam – ou, mais exatamente, *reincorporam* – uma antiquíssima tradição de ritos orgiásticos e de fertilidade, provavelmente anterior à

---

8. AGEHANANDA BHARATI, *The Tantric Tradition*, Londres, 1965.

chegada dos arianos ao subcontinente indiano, e que remonta, portanto, pelo menos ao segundo milênio antes de Cristo. O culto à Grande Deusa e a um deus asceta e fálico, que alguns identificam como um proto-Siva, já aparece na civilização do Indo, conforme assinalei mais acima. Trata-se de uma tradição subterrânea que rega o subsolo religioso da índia e que até hoje não deixou de alimentar as grandes religiões oficiais. Sua posição e sua função dentro do universo religioso poderiam talvez assemelhar-se às da feitiçaria medieval no Ocidente, com certas e decisivas ressalvas. A hostilidade das religiões oficiais da índia aos cultos pré-védicos foi muito menor que aquela oposta pelo cristianismo à feitiçaria; desta forma, a persistência e a influência da corrente subterrânea foi e é muito maior na índia que na Europa. Entre nós, a feitiçaria e as outras manifestações remanescentes do paganismo foram suprimidas ou, bastante atenuadas e desfiguradas, fundiram-se ao *corpus* do catolicismo; na índia, a antiga corrente não só irrigou secretamente as religiões oficiais como, dentro delas, conseguiu constituir uma esfera própria até se afirmar no tantrismo como um caminho legítimo, embora excêntrico, para alcançar a liberação das transmigrações e um estado de gozo e iluminação. As atitudes das ortodoxias indianas e cristãs frente a seus respectivos paganismos (*corpos*) são exemplos maiores e extremos de conjunção e disjunção...

Parece inútil estender-se mais sobre o tema das semelhanças entre o budismo tântrico e o hindu. Por outro lado, vale a pena destacar uma observação de Agehananda Bharati: assim como o ramo hindu deve ao budista grande parte de seu sistema conceitual e de seu vocabulário filosófico, deve este ao hindu muitas das divindades de seu panteão feminino. Este fato recomenda, para os fins destas reflexões, que nos concentremos sobretudo no budismo tântrico como o outro polo do cristianismo protestante. Além disso, o budismo tântrico e o protestantismo foram radicais, violentas reações frente a suas respectivas tradições religiosas; violentas, radicais e em direção oposta: contra a negação do signo *corpo* no budismo e contra sua afirmação no catolicismo romano. Por estas razões, e por outras que aparecerão mais adiante, irei me referir a seguir quase que exclusivamente ao budismo tântrico. Mas haverá um momento em que terei que me ocupar, arriscando-me inclusive a complicar bastante a exposição, das reveladoras oposições entre a atitude hindu e a budista.

Começarei pelas relações do budismo tântrico e do protestantismo com as tradições religiosas que eles ao mesmo tempo herdam e transformam: budismo mahayana e catolicismo romano. A tradição budista (entenda-se que simplifico) é por sua vez o resultado de outras duas: a da ioga e a dos Upanisads. A primeira é corporal e mágica; a segunda, especulativa e metafísica. A tradição ioga é provavelmente mais antiga e corresponde à herança aborígine pré-ariana, a outra é ariana e está mais diretamente ligada à corrente bramânica, da qual é expressão e crítica. O budismo se apresenta, inicialmente, como uma crítica do bramanismo, mas é uma crítica que se liga fatal e espontaneamente, ainda que para negá-la, à tradição dos Upanisads, que por sua vez é uma tradição crítica e especulativa. No seio do budismo, a tendência razoadora e a ioga, as práticas de meditação silenciosa e os debates filosóficos, mantêm um diálogo contínuo: ao ascetismo ioga hinayana se opõem as vertiginosas construções (ou melhor, destruições) mahayana; à estrita crítica filosófica hinayana, o voo passional (ioga) dos Bodisatvas mahayana. Dialética da conjunção: o budismo tende a assimilar e a absorver o contrário mais do que a aniquilá-lo. Levada pela lógica de seus princípios ou arrastada pela inclinação do espírito indiano a suprimir os contrários sem aniquilá-los, a tendência mahayana afirmou a identidade última entre o mundo fenomenal e a vacuidade, entre *samsara* e *nirvana*. Esta surpreendente afirmação metafísica tinha que provocar uma ressurreição da corrente corporal, ioga, porém agora como um ascetismo com sinal invertido: um erotismo. Assim pois, o tantrismo não se desvia do budismo nem é, como alguém já disse, uma intromissão estranha, mágica e erótica, destruidora da tradição crítica e especulativa. Ao contrário, fiel ao budismo, é uma nova e mais exagerada tentativa de reabsorver o elemento ioga, corporal e aborígine na grande negação crítica e metafísica do budismo mahayana. (Ou na grande afirmação da não-dualidade vedantina, no caso do tantrismo hindu.) Em suma, o tantrismo se propõe à fusão extrema das duas tradições por reabsorção do elemento mais antigo, mágico e corpóreo. Frente ao catolicismo, a atitude protestante é exatamente a oposta. O catolicismo também é o resultado de duas tradições: o monoteísmo judaico e a herança greco-romana. A segunda contém um elemento especulativo, corporal e orgiástico, ao passo que o judaísmo não é metafísico mas moral e adora um deus não-icônico cujo nome não se pode pronunciar. O protestantismo nega ou atenua, em suas versões menos extremadas, a herança greco-romana e exalta uma imagem ideal do cristianismo primitivo que está muito próxima do severo monoteísmo judeu. Ou seja, separação das duas tradições e preferência pela tendência anticorpórea e anti-metafísica. Dentro da tradição religiosa da Índia, o budismo é uma espécie de Reforma e sua crítica ao bramanismo culmina numa separação análoga à que fez o protestantismo em relação à igreja romana; não obstante, a história do budismo indiano é uma série de compromissos, não tanto com a ortodoxia hindu mas com as crenças hindus; o último e mais total desses compromissos é o tantrismo. O protestantismo, por outro lado, é uma separação que nada nem ninguém conseguiu reatar. Desequilíbrio por conjunção e desequilíbrio por disjunção.

A atitude frente aos alimentos é reveladora. A regra geral do protestantismo é a sobriedade e, a seguir, a simplicidade e o valor nutritivo da comida. Nada de jejuns excessivos nem de orgias gastronômicas: uma cozinha insípida e utilitária. O banquete tântrico é, antes de mais nada, um excesso, e sua utilidade, se é que mereça este qualificativo, é ultramundana. Duas normas da comida ocidental: a distribuição dos alimentos em diferentes pratos e a conduta discreta à mesa. Ante o altar e no momento da comunhão, a discrição se transforma em recolhimento e veneração silenciosa. Na Índia se misturam todos os guisados num mesmo prato, quer por ascetismo ou por hedonismo – os dois polos da sensibilidade hindu. Pela mesma razão e, além disso, porque não se usam talheres, a relação com os alimentos é mais direta e física: come-se com as mãos e às vezes o prato é uma folha de árvore. O tantrismo exagera esta atitude e no festim ritual come-se com voluntária brutalidade. Assim é realçado o caráter religioso do ato: regresso ao caos original, absorção do mundo animal. Num caso, comida simples e, no outro, excesso de condimentos; utilidade nutritiva, valor sacramental; sobriedade, excesso, distância e reserva frente aos alimentos, proximidade e voracidade; separação de alimentos, confusão de matérias lícitas e ilícitas.

A determinação do que é lícito e ilícito na comida expressa com grande violência e clareza a dicotomia entre separação protestante e fusão tântrica. O sacramento protestante é quase imaterial e assim, ao contrário do rito católico, acentua a divisão entre o corpo e o espírito. O banquete tântrico é uma violação ritual das proibições dietéticas e morais do hinduísmo e do budismo. Não apenas se come carne e se bebe álcool como também se ingerem matérias imundas. O Tantra Hevajra é explícito: "with the body naked and adorned with the bonés accoutrements, one should eat the sacrament in its foul and impure form". O sacramento é composto de minúsculas porções de carne de homem, de vaca, de elefante, de cavalo e de cachorro, que o devoto deve misturar, amassar, purificar, queimar e comer ao mesmo tempo em que ingere as "cinco ambrosias". Nem o texto nem os comentários são claros acerca do que sejam realmente essas ambrosias: se a urina, o excremento, o sêmen e outras substâncias corporais ou os cinco produtos da vaca ou, finalmente, os nomes alegóricos dos cinco sentidos[9]. Seja qual for a interpretação desta e de outras passagens a verdade é que os textos dos Tantras, sejam eles budistas ou hindus, não deixam lugar a dúvidas sobre a necessidade de comer alimentos impuros no momento da consagração. Na verdade, quase todos os comentaristas insistem sobre o caráter simbólico dos ingredientes, sobretudo quando se trata, como no caso dos que o Tantra Hevajra menciona, de substâncias excrementícias e de carne humana. Os comentaristas observam que os textos usam uma linguagem alegórica: os nomes de substâncias e de coisas imundas designam, na realidade, objetos rituais e conceitos espirituais. A explicação, caso necessária: em muitos casos a relação alegórica é precisamente a contrária, isto é, os nomes de conceitos e objetos rituais designam, na linguagem cifrada dos textos, substâncias materiais e órgãos e funções sexuais. Exemplos: *bala* (poder mental) → *māmsa* (carne); *kakhola* (planta aromática) → *padma* (lótus, vulva); *sūrya* (sol) → *rajas* (mênstruo); *bodhicitta* (pensamento da iluminação) → *śukra* (sêmen). A lista poderia se prolongar[10]. Não quero dizer, naturalmente, que a linguagem

---

9. Veja-se *The Hevajra Tantra*, Londres, 1951, tradução e estudo crítico de D. L. Snellgrove.
10. Cf. *The Hevajra Tantra* e o referido livro de A. BHARATI, *The Tantric Tradition*, especialmente o capítulo dedicado à "linguagem internacional" (*Sandhabhasa*).

alegórica dos Tantras consista unicamente em atribuir significados sexuais às palavras que designam conceitos espirituais. A linguagem tântrica é uma linguagem poética, daí que seus significados sejam sempre plurais. Além disso, tem a propriedade de emitir significados que são, eu diria, reversíveis. A reversibilidade implica que cada palavra ou coisa possa se converter em seu contrário e depois, ou simultaneamente, tomar a ser ela mesma. O pressuposto básico do tantrismo é a anulação dos contrários – sem suprimi-los; esse postulado leva-o a outro: a mobilidade dos significados, o contínuo vaivém dos signos e de seus sentidos. A carne é efetivamente concentração mental; a vulva é um lótus que é a vacuidade que é a sabedoria; o sêmen e a iluminação são um e o mesmo; a cópula é, como reafirma Mircea Eliade, *samarasa*, "identité de jouissance": fusão do sujeito e do objeto, regresso ao uno.

Não me parece impossível que muitas vezes o rito tenha se realizado literalmente. De nada vale, além do mais, querer ocultar o caráter não só repulsivo como, por vezes, francamente criminoso dos ritos tântricos. Por um lado, em virtude da reversibilidade a que aludi, é ocioso discutir se estamos ante símbolos ou realidades: os símbolos são vividos como realidades e a realidade possui uma dimensão simbólica, é uma metáfora do absoluto; por outro lado, se o rito tem por objetivo alcançar um estado de não-dualidade, seja por fusão com o ser ou por dissolução na vacuidade universal, é natural que se intente por todos os meios a supressão radical das diferenças entre o permitido e o proibido, o agradável e o imundo, o bom e o maldito. A comida tântrica é uma transgressão. Contrariamente às transgressões do Ocidente, que são agressões tendentes a aniquilar ou a ferir o contrário, a de tantrismo se propõe a reintegrar – de novo: *reincorporar* – todas as substâncias, sem excluir as imundas, como o excremento, e as proibidas, como a carne humana.

Os Tantras hindus se referem à ingestão dos cinco Emes, ou seja, das cinco substâncias proibidas pela ortodoxia bramânica, que começam com a letra M: *mada* (vinho), *matsya* (peixe), *māṃsa* (carne), *mudrā* (feijão?) e *maithuna* (cópula). Os dois últimos "ingredientes" são estranhos. Bharati identifica *mudrā* com feijão e supõe que os devotos atribuam a esse inócuo alimento um poder afrodisíaco. No rito budista, *mudrā* é a parceira feminina. Provavelmente teve a mesma significação no rito hindu. Outra possibilidade: talvez *mudrā* tenha designado uma droga ou uma porção de carne humana. Justifica esta última hipótese o *Tantra Hevajra* que menciona com toda clareza e diversas vezes a carne humana como alimento sagrado. Quanto à droga: Bharati diz que durante o rito bebe-se um cálice de *vijayā*, que não é outra coisa senão o nome tântrico do *bhāṅg*, uma poção feita de *Cannabis Indica* moída e dissolvida em leite e suco de amêndoas, muito popular no norte da Índia, sobretudo entre os religiosos mendicantes. Também não é clara a razão de se incluir entre os cinco Emes a cópula: não é um ingrediente nem um alimento. Além disso e sobretudo: constitui, por si só, a parte central do rito. Estas incongruências revelam que a tradição tântrica hindu passa por um período de confusão e desintegração... Não é necessário estender-se mais: a extrema imaterialidade do sacramento protestante realça a separação entre o espírito e a matéria, o homem e o mundo, a alma e o corpo; o festim tântrico é uma deliberada transgressão, uma *ruptura* das regras que tem por finalidade provocar a *reunião de* todos os elementos e substâncias. Abater as muralhas, transbordar os limites, suprimir as diferenças entre o horrível e o divino, o animal e o humano, a carne morta e os corpos vivos: *samarasa*, sabor idêntico de todas as substâncias.

A mesma oposição se manifesta na esfera propriamente cerimonial dos ritos. A comunhão protestante é individual e, como já disse, quase nem conservou o caráter material, corpóreo, do sacramento. O rito protestante tende a comemorar a palavra do Cristo; não é uma reprodução de seu sacrifício como a Missa católica. Na cerimônia tântrica misturam-se todas as castas, desaparecem os tabus de contágio corporal e o sacramento é comum e claramente material, substancial. Comida imaterial e comunhão individual; comida extremamente material e comunhão coletiva. Separação: hipertrofia da pureza; mistura: exaltação da impureza. O sistema de castas consiste numa distinção estrita e hierárquica dos grupos sociais fundada nas noções religiosas do puro e do impuro. À melhor casta, mais severas interdições alimentícias e sexuais, maior separação do mundo natural e dos outros grupos humanos; por sua vez, nas castas inferiores são mais frouxas as proibições rituais e menores os riscos de contaminação por contato com o profano, o bestial e o imundo. Pureza é separação, impureza é união. A cerimônia tântrica subverte a ordem social, não com propósitos revolucionários mas rituais: afirma, ainda com maior ênfase que as religiões oficiais, a imutável primazia do sagrado sobre o profano. O protestantismo também foi uma subversão da ordem social e religiosa, só que não reverteu as antigas hierarquias para regressar à miscelânea original, mas, ao contrário, para afirmar a liberdade e a responsabilidade do indivíduo. Ou seja: separou, distinguiu, traçou limites destinados a preservar a consciência pessoal e a vida privada. Num caso, comunitarismo; no outro, individualismo. De reforma religiosa, o protestantismo se transformou numa revolução social e política. Transgressão da ordem religiosa, o tantrismo nunca abandonou a esfera dos símbolos e dos ritos; não foi (nem é) uma rebelião mas uma cerimônia. A transgressão social do tantrismo completa a transgressão alimentícia e com os mesmos fins: a conjunção dos signos *corpo* e *não-corpo*. À dissolução dos sabores e das substâncias num sabor único e indiferenciado corresponde a dissolução das castas e das hierarquias do círculo dos adeptos, imagem da confusão original.

As primeiras notícias modernas sobre o tantrismo aparecem em alguns relatos e memórias de certos viajantes e residentes europeus. Quase todos esses testemunhos são de fins do século XVIII e princípio do XIX. Alusões veladas e, como se pode deduzir, indignadas; outras vezes o tom é mais franco e, ao mesmo tempo, mais hostil: invectivas exaltadas em que a execração se mescla ao horror – e ambos à inconfessada fascinação. Esta circunstância e, ainda, o fato dos autores destes testemunhos terem sido missionários ou funcionários do *British Raj*, moveram a opinião moderna a desprezá-los como se fossem embustes e fabricações caluniosas. Não há razão para descartá-los totalmente. Por mais parciais que sejam, contém uma boa dose de verdade. A prova é que coincidem muitas vezes com os textos. Penso no assassinato ritual que alguns destes relatos mencionam. Embora a maioria dos comentaristas modernos (europeus e indianos) procurem ignorá-lo de maneira sistemática, aparece com todas as letras no *Tantra Hevajra* e, no meu entender, em alguns outros. Os intérpretes modernos, na linha de vários comentaristas tradicionais, procuram explicar a presença de um cadáver no rito – o de um homem assassinado ou o de um morto subtraído do lugar de cremação – como um exemplo a mais de simbolismo, semelhante ao dos alimentos impuros e excrementícios. O tantrismo conhece, evidentemente, a distinção entre significado simbólico ou alegórico e significado material. A distinção adota, como tinha que ser num sistema como este, a forma de uma divisão ritual: os adeptos da "mão direita" seguem a interpretação alegórica enquanto que os da "mão esquerda" aplicam literalmente o texto. Pois bem, o tantrismo da "mão esquerda" não só é o mais radical como, por assim dizer, o mais tântrico: já disse que neste sistema religioso o decisivo não é a doutrina mas a prática (*sādhanā*). Dito isto, acrescento que a diferença entre os ritos da "mão direita" e os da "esquerda" é grande mas não insuperável. Tudo é real no tantrismo – e tudo é simbólico. A realidade fenomenal é mais que o símbolo da outra realidade: tocamos em símbolos quando acreditamos tocar em corpos e objetos materiais. E vice-versa: pela mesma lei da reversibilidade, todos os símbolos são reais e tangíveis, os conceitos são corpos e o próprio nada tem um sabor. Dá no mesmo que o crime seja real ou figurado: realidade e símbolo se fundem e, ao se fundir, se esvanecem.

Contrariamente aos sacrifícios humanos dos astecas e de outros povos, o assassinato tântrico, real ou ilusório, não é bem um sacrifício mas uma transgressão ritual. Explico-me: o sacrifício, adote ele a forma da oferenda ou da propiciação, é uma parte do rito, mas não a central. O essencial não é o sacrifício de uma vítima; o que conta é o assassinato: o crime, a transgressão, a ruptura dos limites entre o permitido e o proibido. A significação do ato é exatamente contrária à usual e predominante em outras religiões. Opera aqui a mesma dialética de ruptura e reunião que rege a ingestão de alimentos impuros e a confusão de castas no círculo dos oficiantes. O protestantismo não conhece nada semelhante. Sua dialética não é a da transgressão – ruptura que provoca o transbordamento e, portanto, a conjunção dos contrários – mas a da justiça. Não a imolação de uma vítima: o castigo do culposo. A justiça restabelece os limites que o crime violou. Distribuição, divisão de prêmios e penas: um mundo em que cada um está no lugar que lhe corresponde. A noção de sacrifício alude também a realidades e conceitos diversos. No protestantismo, o sacrifício é incruento, moral: ademais, o modelo do sacrifício cristão é o de Deus, vítima voluntária: não há outro sacrifício senão o nosso próprio. No rito tântrico o oficiante é o sacrificador; na cerimônia cristã, o devoto, à imitação de Cristo, se oferece a si mesmo em sacrifício. Seu sacrifício é simbólico, é uma representação do holocausto divino. Finalmente, no cristianismo protestante o sacrifício é sobretudo uma interiorização da paixão de Cristo ou sua exteriorização simbólica, não no rito mas na vida diária: o trabalho e a conduta social. De uma forma ou de outra, o sacrifício deixa de ser corporal. No tantrismo, confusão entre o símbolo e a realidade, o sacrifício pode ser real ou figurado; no cristianismo protestante, nítida delimitação entre o sangue real e o simbólico. Predominância dos valores mágicos, físicos; supremacia da moral.

Outra oposição: as diferentes atitudes frente à morte ou, para ser exato, frente aos mortos. Embora entre os cristãos seja constante o pensamento e a presença da morte, o protestantismo logo apagou ou atenuou suas representações corporais. A morte se tomou ideia, pensamento que desvela e rói a consciência: perdeu corpo e figura. Desapareceram todas essas imagens, ao mesmo tempo suntuosas e terríveis, que obcecaram os artistas medievais e os da idade barroca nos países católicos. A atitude diante do cadáver, já que não diante da morte, foi semelhante à adotada frente ao ouro e ao excremento: o ocultamento e a sublimação. Evaporação do morto e conversão da morte em noção moral. Não sei se a ideia de metempsicose ajuda os indianos a suportar a realidade da morte. Morrer é difícil em todos os tempos e em todas as civilizações. Suspeito que a função desta crença seja análoga à das nossas: um artifício que nos defende do horror que sentimos diante da fragilidade e da desventura da existência, uma projeção de nosso medo frente à extinção definitiva. O próprio Buda condenou os niilistas que postulavam a aniquilação universal e absoluta. Seja como for, a atitude dos indianos frente aos mortos é mais natural que a dos cristãos protestantes, mas eles não se comprazem, como nós, os espanhóis e hispano-americanos, com suas representações físicas, carnais – exceto no tantrismo. A fixação dos mexicanos pelos esqueletos e caveiras não tem rival em parte alguma do mundo, salvo na arte budista do Tibete e do Nepal. Uma diferença: nossos esqueletos são uma sátira da vida e dos vivos; os deles são terríveis e licenciosos. E tem mais: nenhuma imagem do catolicismo espanhol e hispano-americano, nenhuma alegoria de Valdés Leal e nenhuma caveira de Posada, por mais reais que possam ser, possuem a significação alucinante desse cadáver que, segundo certos informantes, é o centro em tomo do qual, em algumas cerimônias secretas, gira o rito inteiro. A definição de Philip Rawson é sóbria e, em sua concisão, suficiente: "Sexual méditation among the corpses"[11]. Exatamente o oposto da meditação cristã sobre a morte e os mortos.

O escândalo dos primeiros viajantes europeus diante das práticas tântricas é, até certo ponto, compreensível: a violência de sua censura corresponde à violência da transgressão. As diatribes dos missionários cristãos, por outro lado, não são mais exaltadas que as dos brâmanes ortodoxos e, nem mesmo que as de alguns religiosos tibetanos. Ouçamos Lhalama Yesheo, que escreveu no século XI: "Depuis le développement des rites d'union sexuelle, les gens se mêlent sans égard aux liens de parepté... Vos pratiques, de vous autres, tantristes abbés de village, peuvent paraître merveilleuses à d'autres s'ils en entendent parler dans d'autres royaumes... mais vous êtes plus avides de viande que faucons et loups, plus libidineux qu'ânes et taureaux, plus avides de décomposition que maisons en mine ou poitrine de cadavre. Vous êtes moins propres que chiens et porcs. Ayant offert excréments, urine, sperme et sang aux dieux purs, vous renaîtrez dans (l'enfer du) marais de cadavres putréfiés. Quelle pitié!"[12]. Esta imprecação expressa o horror da consciência moral ante o tantrismo. A moral – seja qual for: budista, cristã, ateia – é dualista: aqui e ali, o bom e o mau, a esquerda e a direita. Mas o tantrismo, quase nem é preciso dizê-lo, não é imoral: pretende transcender todos os dualismos e daí não lhe convir sequer o adjetivo amoral. No âmbito do numinoso não há nem aqui nem lá, nem isto nem aquilo – nem pontos cardeais nem preceitos morais. O tantrismo é uma tentativa sobre-humana de realmente ultrapassar o bem e o mal. Nesta desmesura poderia lembrar Nietzsche. Mas o "niilismo" de Nietzsche é filosófico e poético, e não religioso. E além disso, é solitário: a gargalhada e a dança do super-homem sobre o abismo do eterno retomo. O centro, o coração do tantrismo, é algo que Nietzs-

---

11. *Erotic Art of the East*, Nova York, 1968.
12. Citado por R. A. STEIN, em *La civilisation tibétanne*, Paris, 1962.

che rechaça: o rito. E não obstante, o rito é o eterno retomo, não há regresso dos tempos sem rito, sem encarnação e manifestação da data sagrada. Sem rito não há regresso. Contradição de Nietzsche: o super-homem, o "niilista acabado" é um deus sem religião (rito) e sem retomo; a do tantrismo: um rito que jamais desemboca na história, que é só retomo, repetição. De novo: o que no Ocidente é ato e história, na índia é rito e símbolo. À ideia de "transformar o mundo", a índia responde (respondeu) com outra não menos impressionante: dissipá-lo, tomá-lo metáfora.

Bharati chama a atenção, por vezes, para o caráter experimental do tantrismo. A observação é exata, se circunscrita à esfera estritamente religiosa. Mesmo porque não existe outra para o tantrismo. Por minha vez, assinalo a tendência a interpretar e a realizar literalmente os símbolos. Literalidade ingênua e terrível, inocente e feroz, exata como uma operação aritmética e alucinante como uma viagem onírica. O tantrismo é um sistema de encarnação das imagens e nisto reside a sedução e a repulsa que, alternadamente, exerce sobre nós. O abade Dubois, que foi um dos primeiros a se ocupar dos costumes e usos da índia, conta que no "infame festim" tântrico os alimentos eram colocados sobre uma jovem despida, deitada de costas. Muitos amigos e defensores da civilização indiana chamaram o abade de impostor e delirante. Não sei o que mais me indigna: se a fúria de Dubois ou a hipocrisia dos outros ante seu relato. Nada, exceto a pudicícia que chamou Konarak e suas esculturas eróticas de "the black pagoda", nos permite duvidar da veracidade do abade. Por outro lado, a celebração de um festim oficiado (esta é a palavra) por uma jovem despida, como doadora do sacramento, não deveria provocar a censura mas o louvor. É a encarnação de uma imagem que aparece na poesia de todos os tempos: o corpo da mulher como altar, mesa viva coberta de frutos vivos, adoráveis e terríveis. Novalis disse que a mulher é o alimento corporal mais elevado: não é também isso que diz, só que carnal e literalmente, o rito tântrico? Sede e fome de comida sagrada, festim de nossa mortalidade, eucaristia. Durante a Exposição Surrealista dedicada ao erotismo, há alguns anos, houve uma cerimônia parecida: um festim no qual a mesa era uma jovem despida. Os surrealistas ignoravam o antecedente indiano. As imagens encarnam.

Como todo o cristianismo, só que de maneira mais clara, o protestantismo carece de ritos realmente eróticos. O tantrismo é antes de mais nada um rito sexual. A cerimônia do matrimônio cristão é pública mas o coito dos esposos é privado. A cerimônia tântrica consiste no coito público, de vários pares ou de apenas um ante o círculo de devotos. Além disso, não é praticada com a esposa mas com uma iogue, em geral de casta inferior. Entre os cristãos o ato se realiza na alcova, ou seja, num lugar profano; os Tantras prescrevem formalmente que deve ser num templo ou num lugar sagrado, de preferência nos lugares de cremação dos mortos. Copulação sobre as cinzas: anulação da oposição entre vida e morte, dissolução de ambas na vacuidade. A absorção da morte pela vida é o reverso do cristianismo; o desvanecimento dos dois num terceiro termo, *śūnyatā*, *é* o reverso do paganismo mediterrâneo. É impossível deixar de admirar esta dialética que, sem negar a realidade da vida e a não menos real evidência da morte, as reconcilia ao dissipá-las. E as reconcilia no ápice do ato carnal, esse momento relampejante que é a afirmação mais intensa do tempo e, também, sua negação. A cópula é real e verdadeiramente a união de *samsāra* e de *nirvāna*, a perfeita identidade entre a existência e a vacuidade, o pensamento e o não-pensamento. *Maithuna*: dois em um, o lótus e o raio, a vulva e o falo, as vogais e as consoantes, o lado direito do corpo e o esquerdo, o lá em cima e o aqui embaixo.

A união dos corpos e dos princípios opostos é também a realização do arquétipo hermafrodita. A reintegração na vacuidade equivale, no nível psicológico individual, à união da parte masculina e feminina em cada um de nós. Ao nos identificarmos com a vacuidade, também nos realizamos carnal e psicologicamente: recobramos nossa porção feminina ou, no caso da mulher, masculina. Um paradoxo que não é tão grande assim: o tantrismo parte da ideia, hoje aceita por biólogos e psicólogos, de que em cada homem existe algo de mulher e vice-versa. Em vez de reprimir e separar o feminino no homem e o masculino na mulher, busca a reconciliação dos dois elementos. Não sei se se tem observado que as imagens dos deuses indianos, sem deixar um instante de serem viris, emanam certa languidez e suavidade quase femininas. O mesmo sucede com suas deusas: os seios fartos, os quadris largos, a cintura delgada e, não obstante, todas elas irradiam gravidade,

*...a vitalidade, ora demoníaca, da escultura românica* [p. 56]

*...a retenção seminal é uma operação alquímica* [p. 78]

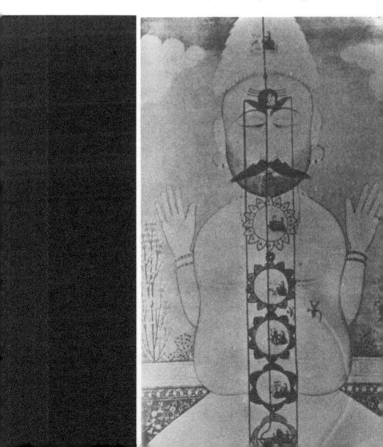

altivez e determinação de varões. O contraste com o Ocidente cristão é flagrante. Resultados de nossa repressão da feminilidade no homem e da masculinidade na mulher: num extremo os oceanos de curvas e as montanhas de músculos de Rubens; no outro, os triângulos e os retângulos do século XX.

O amor físico é profano e, além disso, pecaminoso entre os cristãos; o tantrismo ignora o que chamamos amor e seu erotismo é sacramental. O protestantismo acentua a divisão entre o sagrado e o profano, o lícito e o ilícito, o masculino e o feminino; o tantrismo se propõe à absorção do profano pelo sagrado, à anulação da diferença entre o lícito e o ilícito, à fusão do masculino e do feminino. A oposição mais extrema se manifesta nas funções de ingestão e dejeção. Como se sabe, a norma central do rito sexual tântrico consiste na contenção do esperma, não por razões de ordem moral e menos ainda por higiene, mas porque todo o ato está dirigido à transmutação do sêmen e à sua fusão com a vacuidade. Assim, no tantrismo, à ingestão real ou simbólica do excremento corresponde a retenção do sêmen; no protestantismo, à retenção real ou simbólica do excremento corresponde a ejaculação rápida. A retenção seminal implica uma erotização de todo o corpo, um regresso aos jogos e prazeres infantis que a psicanálise chama poliformes, pré-genitais e perversos[13]. A ejaculação rápida é o triunfo do erotismo genital, destruidor e autodestrutivo: frigidez na mulher e prazer frustrado no homem. A ejaculação está ligada indissoluvelmente à morte; a retenção seminal é uma regressão a um estado anterior da sexualidade. Triunfo da morte ou regresso à sexualidade indiferenciada da infância, em ambos os casos: egoísmo, medo ou desprezo do outro – ou da outra. A disjunção e a conjunção ferem em seu cerne o princípio do prazer, a vida.

O protestantismo exagera o horror cristão pelo corpo. Origem e causa da nossa perdição, o decente é não mencioná-lo, exceto quando se trata da descrição objetiva e neutra da ciência. Para o tantrismo o corpo é o duplo real do universo que, por sua vez, é uma manifestação do corpo diamantino e incorruptível do Buda. Por isso postula uma anatomia e uma fisiologia simbólicas que seria demorado e fastidioso expor

---

13. O adjetivo "perverso" é um eco curioso da ética judaico-cristã no pensamento de Freud.

aqui. Direi apenas que concebe o corpo como um microcosmo com seis nós de energia sexual, nervosa e psíquica; estes centros (*cakras*) se comunicam entre si, desde os órgãos genitais até o cérebro, por dois canais: *rasanā* e *lalanā*. Não nos esqueçamos de que se trata de uma anatomia simbólica: o corpo humano concebido como *mandala* que serve de "apoio" à meditação e como *altar* em que se consuma um sacrifício. As duas veias nascem no plexo sacro, lugar do *Xinga* (pénis) e do *yoni* (vulva). A primeira ascende pelo lado direito e polariza o aspecto masculino; a segunda sobe pelo lado esquerdo e simboliza o aspecto feminino. *Rasanā* se identifica com a (com)Paixão (*karuna*) e com o método (*upāya*); *lalanā* com a vacuidade (*śūnyatā*) e com a sabedoria (*prafñā*). A cadeia das correspondências se ramifica até configurar uma verdadeira constelação semântica: *rasanā* (língua) → prāna (alento vital) → vyañjana (a série de consoantes) → o rio Yamuna; *lalanā* (mulher dissoluta) → *candra* (lua) → *apāna* (exalação) → *svara* (a série de vogais) → a mãe (o rio) Ganges. Não faltam as equivalências brutalmente materiais nem as bruscas cópulas de conceitos espirituais com realidades sexuais: *mahamāmsa* (a carne humana) → *alija* (as vogais místicas); *vajra* (raio) → *linga* (pênis) → *upāya*. Assim, duas noções predominantemente conceituais do budismo mahayana, a compaixão do Boisatva e a ação do pensamento durante a meditação (*upāya*) adquirem um claro simbolismo erótico e se convertem em homólogos de falo e esperma; igualmente *śūnyatā* (vacuidade) e *prajñā* (sabedoria) evocam os órgãos sexuais femininos.

Durante o coito procura-se fundir o elemento feminino ao masculino ou seja: transcender a dualidade. O ato sexual é um homólogo da meditação e ambos da realidade, cindida nos dois casos, mas que em si mesma nada mais é que transparência vazia. Entre as duas veias, *lalanā e rasanā*, corre uma terceira: *avadhūtī*. Lugar de união e intersecção, é o homólogo da iogue, a mulher asceta – libertina que "já não é mais nem sujeito nem objeto". A união das duas correntes de energia na veia central é a realização, a consumação. Um comentário dos poemas de Sahāra e Kānha diz: "no momento do grande deleite nasce o pensamento da iluminação, isto é, produz-se o sêmen". O grande deleite (*mahāsukha*) é igualmente *sahafa*: o estado natural, a volta ao inato. À união horizontal, por assim dizer, entre a substância feminina e a masculina, corresponde outra vertical: a união do sêmen (*śukra*) com o pensamento da iluminação (*bodhiccita*). A transmutação é obtida, mais uma vez, pela união com o princípio feminino, num momento que é o ápice ou conjugação de todas as energias. A gota seminal (*bindu*) assim transubstanciada, em vez de se derramar, ascende pela espinha dorsal até eclodir numa explosão silenciosa: é o lótus que se abre no alto do crânio. "A Reflexão é Consumação": *o bindu é bodhiccita*, pensamento em branco, vacuidade. A retenção seminal é uma operação alquímica e mística: não se trata de preservar a relação entre o corpo e a alma mas de dissolver o primeiro na vacuidade. A disjunção repressiva no protestantismo e a conjunção explosiva no tantrismo terminam por coincidir.

À fisiologia mágica que descrevi sumariamente se justapõe uma geografia religiosa: "Aqui, no corpo, estão os sagrados rios Jamuna e Ganges, aqui estão Pragaya e Benares, o Sol e a Lua. Em minhas peregrinações visitei muitos santuários mas nenhum mais santo que o do meu corpo". (Poema de Sahāra.) Se o corpo é terra e terra santa, também é linguagem – e linguagem simbólica: em cada fonema e em cada sílaba palpita uma semente (*bīja*) que, ao atualizar-se em som, emite uma vibração sagrada e um sentido oculto. *Rasanā* representa as consoantes e *lalanā* as vogais. As duas veias ou canais do corpo são agora o lado masculino e o feminino da fala... A linguagem ocupa um lugar central no tantrismo, sistema de metáforas encarnadas. Ao longo destas páginas aludi ao jogo de ecos, correspondências e equivalências da linguagem cifrada dos Tantras (*sandhābhāsā*). Os antigos comentaristas designavam este hermetismo erótico-metafísico como "linguagem crepuscular"; os modernos, seguindo Mircea Eliade, chamam-no "linguagem intencional"[14]. Mas os especialistas não dizem, ou dizem-no como quem anda sobre brasas, que essa linguagem é essencialmente poética e que obedece às mesmas leis da criação poética.

As metáforas tântricas não só estão destinadas a ocultar ao intruso o verdadeiro significado dos ritos como também são manifestações verbais da analogia universal em que se funda a poesia. Estes textos estão regidos pela mesma necessidade psicológica e artística que levou nossos poetas barrocos

14. MIRCEA ELIADE, *Le Yoga, Immortalité et Liberté*, Paris, 1954.

a construir um idioma dentro do idioma espanhol, a mesma que inspira a linguagem de Joyce e a dos surrealistas: a concepção da escrita como o duplo do cosmos. Se o corpo é um cosmos para Sahära, seu poema é um corpo – e esse corpo verbal é *śūnyatā*. O exemplo mais próximo e impressionante é o do *trobar dus* dos poetas provençais. O hermetismo da poesia provençal é um véu verbal: opacidade para o ignorante e transparência que deixa ver a nudez da mulher ao que sabe contemplar. E preciso estar no segredo. Digo: *estar* e não *saber* o segredo. É preciso participar: tecer o véu é um ato de amor e destecê-lo é outro. O mesmo ocorre com a linguagem hermética dos Tantras: para decifrá-la realmente não basta conhecer a chave – embora isso também conte – mas penetrar no bosque de símbolos, ser símbolo entre os símbolos. A poesia e o tantrismo se assemelham por serem práticas, experiências concretas.

A linguagem do cristianismo protestante é crítica e exemplar, guia da meditação e da ação; a linguagem dos Tantras é um microcosmo, o duplo verbal do universo e do corpo. No protestantismo a linguagem obedece às leis da economia racional e moral, à justiça distributiva; no tantrismo, o princípio cardial é o da riqueza que se gasta: oferenda, dom, sacrifício ou ainda luxo, bens destinados à consumação ou à dissipação. A "produtividade" da linguagem tântrica pertence à ordem, diria, da magia imitativa: seu modelo é a natureza – não o trabalho. Separação entre a linguagem e a realidade: as santas escrituras concebidas como um conjunto de preceitos morais; união da linguagem com a realidade: a escritura *vivida* como corpo análogo ao corpo físico – e o corpo *lido* como escritura.

Ao lado da "linguagem intencional": as fórmulas mágicas compostas por essas sílabas que já mencionei antes, ao falar de *rasanā* e de *lalanā*, como as rubricas simbólicas das consoantes e das vogais. Estas sílabas não chegam a constituir palavras e Bharati chama-as, com algum artifício, de "morfemas ou quase morfemas". As sílabas (*bījas*) se unem entre si e formam unidades sonoras: *mantras*. Nem *bījas* nem *mantras* têm significação conceitual; não obstante são extremamente ricas em sentidos emotivos, mágicos e religiosos. Para Bharati o núcleo do tantrismo, sua essência como rito e como prática, reside nos *mantras*. Poder-se-ia acrescentar que é este o coração das religiões indianas. É a outra face da Ioga, já que, como esta, não é intelectual, mas prático e não-discursivo. O *mantra* é um meio, como a Ioga, de obter-se certos poderes. Ao mesmo tempo, a recitação do *mantra*, mental ou sonora, lança uma ponte entre o recitador e o macrocosmo, à semelhança dos exercícios respiratórios do iogue. Mas o *mantra* é sobretudo um instrumento ritual, tanto nos ritos coletivos como nos íntimos. Além disso, há outro aspecto para o qual, parece-me, não atentaram muito os especialistas: os *mantras* são signos indicativos, sinais sonoros de identificação. Cada divindade, cada "guru", cada discípulo, cada adepto, cada conceito e cada momento do rito tem seu *mantra*. O poeta Kānha disse-o melhor que esta minha complicada explicação: as sílabas (*bījas*) se enlaçam no tornozelo nu da iogue como axorcas. São atributos sonoros.

Nem as preces e litanias cristãs nem os "abracadabras" e outras fórmulas mágicas são o equivalente dos *mantras*. Talvez a poesia, ou melhor, uma de suas manifestações: aquela que, certa vez, Alfonso Reyes chamou "jitanjafora", a explosão não conceitual das sílabas, gozo, angustia, êxtase, cólera, desejo. Uma linguagem além da linguagem, como os poemas de Schwitters, as interjeições bárbaras de Artaud, as sílabas repentinas e felinas de Michaud, as vogais extáticas de Hidobro... Não, minha comparação omite o essencial, aquilo que distingue os *mantras* de toda expressão poética ocidental: os indianos não inventam esses "bijoux sonores" – os *mantras* se transmitem de guru a discípulo. Também não são poemas: são amuletos verbais, talismãs linguísticos, escapulários sonoros... Concluo: frente ao achatamento verbal do cristianismo protestante, inimigo de toda escritura secreta, a linguagem simbólica e hermética; frente ao vocabulário neutro e abstrato da moral, as palavras genitais e as cópulas fonéticas e semânticas; frente às preces aos sermões e à economia da linguagem racional, os *mantras* e suas cascavéis. Uma linguagem que diferencia o ato da palavra e, dentro desta, o significante do significado; outra que apaga a distinção entre a palavra e o ato, reduz o signo a mero significante, multiplica e troca os significados, concebe a linguagem como um jogo idêntico ao do universo no qual o lado direito e o esquerdo, o feminino e o masculino, a plenitude e a vacuidade, são um e o mesmo -linguagem que tudo significa, e que, em suma, significa nada.

A palavra *Prajñāparamitā* designa um dos conceitos cardiais do budismo mahayana. É a "suprema sabedoria" dos Bodisatvas e aquele que a tiver alcançado já está na "outra margem", na outra vertente da realidade. É a vacuidade última e primeira. Fim e princípio do saber, é também uma divindade no panteão budista. As imagens de pedra, metal e madeira de Nossa Senhora Prajñāparamitā são inúmeras e algumas, por sua formosura, inesquecíveis. Confesso que a encarnação na majestade do corpo feminino de um conceito tão abstrato como o da sabedoria na vacuidade, não deixa de me maravilhar. Impossível não pensar na Sofia do Cristianismo Ortodoxo. Ideia pura e imagem corporal, Prajñāparamitā também é visão e som: é "um lótus vermelho de oito pétalas" feito de vogais e consoantes, "que surge da sílaba Ah..." E tem mais: som e cor, palavra reduzida à sua vibração luminosa, imagem de pedra em atitude de voluptuosa meditação e conceito metafísico, Prajñāparamitā é ao mesmo tempo uma mulher real: a iogue do rito. A parceira feminina é uma iniciada, quase sempre de casta inferior ou de profissão impura: a *candali* ou a *dombī* (lavadeira). Kānha diz num de seus cantos à vacuidade: "Tu és a *candali* da paixão. Oh *dombī*, ninguém é mais dissoluta que tu". *Candali* significa aqui o calor místico dos tibetanos: a união do sol e da lua, o humor da mulher e o esperma do homem, o lótus da Perfeita Sabedoria e o raio da (com)Paixão, fundidos e desfeitos numa labareda. A realidade fenomenal é idêntica à realidade essencial: as duas são vacuidades. *Samsāra é Nirvāna*[15].

Dentro do sistema tântrico o ramo budista e o hindu se opõem, se bem que de maneira menos evidente, como o hinduísmo e o budismo ortodoxos ou tradicionais. A primeira oposição: enquanto no tantrismo hindu o princípio ativo é o feminino (*Sakti*), o budista é o masculino (o Buda diamantino, *Vajrasattava* e outras divindades e símbolos). Nas representações tibetanas da cópula ritual (*yab yum*), a divindade mascu-

---

15. Sobre os poemas de Kānha e Sahāra ver: *Les Chants mystiques de Kānha et Sahāra*, edição e tradução de M. Shabidullah, Paris, 1921. Cf. também os dois livros de S. B. DASGUPTA, *An Introduction to Tantric Buddhism*, Calcutá, 1958, e *Obscure Religious Cuits*, Calcutá, 1962. Em *Buddhist Texts through the Ages* (Londres, 1954), obra coletiva de CONZE, HORNER, WALEY e SNELLGROVE, pode-se ler o texto da formosa invocação a Prajnāpāramitā e o poema de Sahāra.

lina tem um aspecto terrível e mesmo feroz, enquanto que sua parceira (*dākinī*) é de uma frágil, embora redonda, beleza; nas imagens hindus, a representação mais enérgica e com frequência também terrível e feroz do princípio ativo é a *Sakti*, o polo feminino da realidade. A primeira vista, a noção hindu contradiz as ideias sobre a mulher que quase todas as sociedades nutriram. Não obstante, não lhe falta lógica: o absoluto (representado por *Sivà*) *é* o sujeito abstraído no sono de seu infinito solipsismo; o aparecimento *da Sakti é* o nascimento do objeto (a natureza, o mundo concreto) que desperta o sujeito de sua letargia. A iconografia representa *Sakti* dançando sobre o corpo adormecido de *Siva*, que entreabre os olhos. No judaísmo não só abundam as mulheres viris e heroicas como nossa mãe Eva desperta Adão de seu sono paradisíaco e o obriga a enfrentar o mundo real: o trabalho, a história e a morte. No relato bíblico a mulher também brota das costas do homem adormecido, como a *Sakti* do sono de *Siva*, e também desperta seu companheiro. Eva e *Sakti* são natureza, mundo objetivo. Minha interpretação pode parecer forçada. Mas não o é, e mesmo que o fosse, isso não teria importância: há outra razão, ainda mais decisiva, conforme me proponho a mostrar a seguir, que explica a aparente singularidade do *śaktismo*.

*A* razão de atribuir a *Sakti* valores tais como a atividade e a energia, que parecem ser masculinos por excelência – embora realmente não o sejam, pelo menos exclusivamente, conforme já vimos – é de ordem formal. Pertence ao que se poderia chamar de lei da simetria ou correspondência entre os símbolos: a posição de um símbolo ou de um conceito simbolizado determina a posição do símbolo antitético. No budismo o princípio ativo é masculino (*upāya*) mas a consumação do rito – a abolição da dualidade – possui uma marcante tonalidade feminina. Os dois conceitos metafísicos centrais: *sūnyatā* e *prajñāparamitā*, são concebidos como femininos. Na verdade, a abolição da dualidade implica o desaparecimento do polo feminino e do masculino, só que essa dissolução, no budismo, é de signo feminino. Nem poderia ser de outro modo, dada a posição dos símbolos. Desde o princípio o budismo afirmou que o bem supremo (*nirvāna*) era idêntico à cessação do fluir da existência e, em sua forma superior, à vacuidade. Também desde o princípio, no budismo mahayana, a vacuidade foi representada pelo Zero redondo, imagem da mulher. Para o hindu a beatitude suprema é a união com o ser, com o não-dual, o Um. A coloração é masculina: o Um erguido é fálico, é o *linga* quieto, estático, pleno de si. O budista concebe o absoluto como objeto e assim o converte em homólogo do polo feminino da realidade; o hindu o idealiza como sujeito e o associa com o polo masculino. Duas formas sagradas condensam estas imagens: o *estūpa* e o *linga* – o Zero e o Um. Pois bem, a atividade para alcançar o Um (masculino) não pode ser senão feminina (*Sakti*). Posto que a atividade é de essência masculina, a *Sakti* deverá expressar não só a feminilidade em sua forma mais plena – seios redondos, cintura estreita, quadris poderosos – como ainda essa feminilidade pletórica de si deve emitir eflúvios, irradiações masculinas. A mesma razão de simetria simbólica explica a feminilidade dos Budas e Bodisatvas: são o princípio masculino e ativo que conquistou e assimilou a passividade. À *sūnyatā* corresponde *upāya*; à *Siva* corresponde *Sakti*, O jogo de correspondências abarca o sistema inteiro. Se atribuirmos a cifra Zero à feminilidade, seja ela ativa ou passiva, e a cifra Um à masculinidade, seja ela igualmente passiva ou ativa, o resultado será o seguinte: no budismo, 1 (ativo) → 0 (passiva); no hinduísmo, 0 (ativa) → 1 (passivo). Do ponto de vista de seus respectivos ideais de beatitude, a oposição entre o tantrismo budista e o hindu é o (passiva)/1 (passivo). Os meios para alcançar essas metas aparecem com a mesma relação de oposição: 1 (ativo) / 0 (ativa). A simetria inversa que rege cada ramo se reproduz nas relações entre ambos. É a lógica do sistema e, sem dúvida, a lógica de todos os sistemas simbólicos.

    A outra oposição não é menos radical e afeta aquilo que, ao lado da polaridade entre o feminino e ó masculino, forma o núcleo do tantrismo: a atitude ante a ejaculação seminal. Ao contrário do budismo tântrico, no hindu não há retenção do esperma. Apesar dos estudos que se têm dedicado ao tema há mais de vinte e cinco anos, o primeiro a assinalar este fato desconcertante foi Agehananda Bharati, numa obra bem recente (*The Tantric Tradition* foi publicada em 1965). Bharati foi também o primeiro e, pelo que me consta, o único a tratar de uma maneira sistemática esta relação de oposição. O abandono do esperma equivale a um sacrifício ritual, conforme se pode ver na seguinte passagem de um texto tântrico (*Vāmamārga*): "(o devoto), sem parar de recitar mentalmente seu *mantra*, abandona seu esperma com esta invocação: *Om* com luz e éter (como se fossem) minhas duas mãos. Eu, o triunfante... Eu, que consumi *dharma* e *não-dharma* como as porções do sacrifício, ofereço amorosamente esta oblação no fogo..." *Dharma* e *não-dharma* creio que aqui designam, respectivamente, o permitido e o proibido pelo hinduísmo ortodoxo. A menção final do fogo, identificado com o corpo feminino, alude a um dos rituais mais antigos da Índia: o sacrifício ígneo. A cerimônia tântrica hindu reincorpora e reatualiza a tradição indiana. Como se sabe, a religião védica estava fundada na noção de sacrifício ritual. O que, como observa com pertinência Bharati, foi e é o elemento cardial da religião hindu, desde a época védica até nossos dias. O budismo, por outro lado, se apresentou precisamente como uma crítica do ritualismo bramânico e de sua-obsessão pelo sacrifício. É verdade-que no curso de sua história criou rituais que rivalizam com os do hinduísmo mas nos quais não é central a noção de sacrifício. O budismo acentua a renúncia ao mundo; o hinduísmo concebe o mundo como um rito cujo centro é o sacrifício. Ascetismo e ritualismo: retenção seminal, abandono do esperma.

A simetria inversa que rege a polaridade feminino/ masculino, ativo/passivo, vacuidade/ser, repete-se na atitude ante a ejaculação, só que agora ela se manifesta na forma de retenção/abandono, renúncia/sacrifício, interiorização/exteriorização. O processo é o mesmo: retenção do sêmen = dissolução do sujeito na vacuidade (objeto); abandono do sêmen = união do objeto com o ser (sujeito). Nesta dialética encontramos as mesmas afirmações e negações que definem o budismo e o hinduísmo: negação da alma e do eu, afirmação do ser (*ātman*); um monismo sem sujeito, e um monismo que reduz o todo ao sujeito... Embora a oposição entre o cristianismo protestante e o tantrismo seja de outra ordem, assume a mesma forma de simetria inversa. A relação mostra-se com maior nitidez ante as funções fisiológicas básicas de ingestão e dejeção das duas substâncias e de seus símbolos: o excremento e o sêmen. À retenção seminal do excremento no cristianismo protestante corresponde, em sentido inverso e contrário, sua ingestão também simbólica no tantrismo hindu e budista (alimentos impuros). Frente à ejaculação seminal, a tônica do tantrismo é improdutiva e primordialmente religiosa: a retenção e o abandono são homólogos; a primeira, da dissolução na vacuidade, a segunda, da união com a plenitude do ser; no protestantismo a significação é produtiva e moral: a procriação de filhos. A copulação é, no tantrismo, uma violação religiosa das regras morais; no protestantismo, uma prática legítima (se realizada com a esposa) destinada a cumprir o preceito religioso bíblico. Destruição da moral pela religião; transformação da religião em moral. O esperma, no tantrismo, transforma-se em substância sagrada que termina por ser imaterial, ou porque a consome o fogo do sacrifício ou porque se transfigura em "pensamento da iluminação". No protestantismo o sêmen engendra filhos, família: torna-se social e se transforma em ação sobre o mundo.

O protestantismo reclamou a livre interpretação dos livros santos e disso advém que um dos primeiros problemas com que se defrontou tenha sido o do significado do texto sagrado: o que querem realmente dizer os paradoxos do Evangelho e os mitos e as histórias, frequentemente imorais, da Bíblia? A interpretação protestante é uma crítica moral e racional da linguagem mítica. O tantrismo também aceita a liberdade de interpretação, só que sua exegese é simbólica: transforma a metafísica do budismo mahayana numa analogia corporal e passa, assim, da crítica ao mito. A linguagem protestante é clara; a dos Tantras é "a linguagem crepuscular"; um idioma em que cada palavra tem quatro ou cinco sentidos ao mesmo tempo, conforme vimos. Separação entre o mito e a moral; fusão da moral e da metafísica numa linguagem mítica. O protestantismo reduz o ritual ao mínimo; o tantrismo é, antes de mais nada, ritual. Num estudo singularmente penetrante, Raimundo Panikar mostrou que o cristianismo é sobretudo uma *ortodoxia* e o hinduísmo uma *ortopraxia*. Mesmo que, talvez, esta distinção não seja inteiramente aplicável ao budismo hinayana, ela se aplica ao mahayana. O protestantismo e o budismo tântrico exageram as tendências de suas respectivas tradições religiosas: crítica dos textos e da ortodoxia no primeiro e ritualização das ideias no segundo. Preocupação com as opiniões e obsessão pelas práticas, linguagem clara e discussão pública, linguagem figurada e cerimônias clandestinas. O tantrismo é esotérico e a doutrina é transmitida em segredo; o protestantismo propaga-se abertamente, pelo exemplo e pelo sermão dirigido a todos. Seitas escondidas e fechadas; seitas abertas e que vivem à luz do dia.

A negação do corpo e do mundo transforma-se em moral utilitária e em ação social; a absorção do corpo na vacuidade culmina no culto do desperdício e numa atividade associal. Exaltação do econômico e do útil; indiferença frente ao progresso e anulação das diferenças sociais e morais. Introspecção solitária, adições e subtrações do pecado e da virtude, confrontação silenciosa com um Deus terrível e justo: o mundo como processo, juízo e sentença. O mal e o bem, o útil e o nocivo são, como o ser e o não-ser, palavras ocas, ilusões: o iogue é o homem livre que ultrapassou o engano dualista. O tribunal da consciência; o jogo erótico do cosmos na consciência. Pessimismo, moralismo e utilitarismo. Pessimismo, amoralismo e contemplação não-produtiva. Vida social organizada: o sacerdote se casa, dirige uma família e sua igreja fica no centro do povoado; vida individual mística: o adepto é celibatário, não tem casa e vive à margem do mundo. O pastor e o asceta errante: um, barbeado e vestido de negro, ocupa-se de tarefas filantrópicas; o outro, a cabeleira emaranhada e o corpo nu coberto de cinzas, dança e canta nos templos canções místicas e licenciosas. O protestante vive dilacerado pela oposição entre predestinação e moral; o religioso indiano é um paradoxo ambulante. Retenção e transformação do excremento em signo econômico; emissão seminal para procriar filhos. Absorção do excremento e negação do intercâmbio monetário; retenção seminal para chegar à iluminação. Morte por separação da cara e do sexo: agressividade moral e, por fim, rigidez. Morte por fusão do sexo e da cara: autofagia e, por fim, dissolução. Figuras extremas e profanas de ambas tendências: o banqueiro e o mendigo.

## 4. A ORDEM E O ACIDENTE

*Alquimia Sexual e Cortesia Erótica*

O sinólogo R. H. Van Gulik, a quem devemos várias obras de valor – entre as quais essa tríplice, intrigante e intrincada história policial: *Dee Goong An* – publicou pouco antes de morrer um livro monumental e fundamental sobre a vida sexual na antiga China[1]. Valendo-se de sua familiaridade com as civilizações do Oriente, o sábio diplomático holandês propõe uma nova hipótese acerca da origem do tantrismo: a ideia

---

1. *Sexual Life in Ancient China*, Leiden, 1961. O livro compreende um período maior que o indicado pelo título, pois termina no século XVII, com a dinastia Ming. Uma observação à parte: o senhor Van Gulik traduz para o latim as passagens escabrosas dos textos chineses, como se o conhecimento dessa língua fosse um certificado de moralidade. O senhor Snellgrove omite a tradução de alguns fragmentos (por sorte bem poucos), do *Tantra Hevajra*, que considera particularmente escatológicos. Este último fato é ainda mais grave: quase todos nós, uns mais outros menos, e com pouca ou muita dificuldade, podemos nos entender com o latim, mas não como tibetano nem com o sânscrito híbrido.

central – a retenção do sêmen e sua transmutação – vem do taoísmo. Van Gulik apresenta argumentos poderosos. Não cabe discuti-los aqui e nem minha limitadíssima competência me autoriza a intervir no debate. Assinalarei apenas que em alguns textos tântricos hindus fala-se de *Cīna* (China) e de *Mahācīna* (Mongólia, Tibete?) como terras de eleição das práticas de meditação sexual. Bharati cita um pormenor curioso: o oferecimento a *Siva* de um pelo do púbis da *śakti*, arrancado depois da cópula ritual e úmido ainda de sêmen, chama-se *mahācîna sādhanā*. Não se deve esquecer, por outro lado, que os textos a que me refiro são recentes enquanto que a antiguidade do budismo *Vajrayāna* remonta, pelo menos, ao século VI depois de Cristo. Na realidade, a solução do problema depende, talvez, da solução de outro, mais importante: a origem da Ioga. É pré-ariana e aborígine da índia, como crê agora a maioria dos especialistas, ou vem da Ásia Central (xamanismo), como querem outros? A presença de elementos da Ioga no taoísmo primitivo, assinalados primeiramente por Maspéro, aumenta nossa perplexidade. A origem da Ioga é tão obscura como a ideia de alma entre os gregos. Em todo caso há algo indubitável: a antiguidade e a universalidade da crença no sêmen como uma substância doadora de vida. Esta ideia, presente em todas as sociedades, levou a outra, igualmente universal: a retenção do esperma é economia vital, acumulação de vida. A castidade como receita de imortalidade. Reservando para mais tarde este tema, limito-me agora a dizer que os textos alquímicos chineses e os curiosos *Tratados do leito* oferecem mais de uma analogia com os Tantras indianos. Essas semelhanças não são simples coincidências mas revelam influências precisas, ou por se tratar de um empréstimo indiano à China ou, como sustenta Van Gulik, pelo intercâmbio ter sido mais complicado: primeiro, influência chinesa na índia; depois, reelaboração dentro do contexto religioso indiano; finalmente, regresso à China. Pois bem, dentro da perspectiva destas reflexões e uma vez aceita a relação entre os textos chineses e os indianos, o que me interessa destacar são suas diferenças. Parecem mais significativas que as semelhanças.

A erótica chinesa é tão antiga quanto os quatro imperadores legendários. A erotologia, no sentido especializado do termo, também é muito antiga e se confunde, por um lado, com a alquimia e, por outro, com a medicina. Van Gulik mencionou seis *Tratados do leito* do período Han, todos desaparecidos por obra do capricho dos neoconfucianos e da pudicícia da dinastia Manchu. Por outro lado, chegaram até nossos dias textos das dinastias Sui, T'ang e Ming. O nome coletivo destes livretos era *Fangnei* (literalmente: "dentro da cama") e *Fang-shi* ("o assunto da cama"). Eram livros sumamente populares. Abundantemente ilustrados, constituíam uma espécie de manuais de uso comum, principalmente entre os recém-casados e também entre os solteiros de ambos os sexos. A forma literária é, por excelência, a didática, como a de nossos catecismos: o sistema de perguntas e respostas. As personagens do diálogo são, em geral, o mítico Imperador Amarelo e uma jovem que o inicia nos segredos sexuais. A interlocutora se chama às vezes Su-nü, a Moça Simples; outras, Hsüan-nü, a Moça Morena; e outras, Tsai-nü, a Moça Eleita. Embora a inspiração seja mais taoísta que confuciana, os seguidores de Confúcio não fizeram, de início, grande oposição à sua difusão. Para compreender o caráter destes textos deve-se ter presente a concepção básica, geral na China, sobre a sociedade, a natureza e o sexo. O princípio é o mesmo para confucianos e taoístas: o arquétipo da ordem humana é a ordem cósmica. A natureza e suas metamorfoses (*T'ien-tao*), a dualidade luz e sombra, céu e terra, dragão e tigre, é o fundamento do / *Ching* (Livro das Mutações) bem como da moral e da política de Confúcio, das especulações de Lao Tzu e Chuang Tzu e das elucubrações da escola *yang* e *y in*. Não menos importante é a antiga ideia de que o homem produz sêmen em quantidades limitadas, enquanto que a mulher produz *ch'i*, humor vital, de maneira ilimitada. Daí que o homem deva se apropriar do *ch'i* e preservar o máximo possível seu sêmen. Ao contrário da Índia, esta é a origem, absolutamente pragmática, da retenção seminal. Nos *Tratados do leito* se enumeram e descrevem minuciosamente os métodos para reter o sêmen e transformá-lo em princípio vital. Também se indicam os dias favoráveis para a concepção, em geral a semana seguinte ao fim da menstruação.

A imortalidade, num sentido estrito, não é uma noção confuciana. Fan Hsüan Tzu pergunta a Mu-shu: "Os avós diziam: morto, porém imortal. O que queriam dizer?" Mu-shu responde: "Em Lu vivia um alto dignitário que se chamava Tsang-Wen-chung. Depois de sua morte, suas palavras per-

...lido com a avidez não só pelos homens [p. 92]

*...uma arborescência poética* [p. 93]

maneceram. É isso o que o antigo provérbio significa. Ouvi dizer que o melhor é edificar pela virtude (os princípios), depois pela ação (o exemplo) e depois pelas palavras (a doutrina). É a isto que podemos chamar imortalidade. Quanto à preservação do nome familiar e à continuação dos sacrifícios aos antepassados: nenhuma sociedade (civilizada) pode ignorar essas práticas... São louváveis mas não conferem a imortalidade"[2]. Não obstante, a permanência da família, da sociedade e do Estado são uma espécie de imortalidade social e biológica para Confúcio e seus discípulos. O homem é a sociedade e a sociedade é a natureza: uma continuidade biológica, histórica e cósmica. Por este motivo, os *Tratados do leito* tinham apenas um valor subsidiário: regras de conduta sexual destinadas a impedir a velhice prematura, preservar a vitalidade masculina e garantir um coito frutífero. A erotologia como um ramo da moral familiar e, por extensão, do bom governo. Deve-se acrescentar que os conselhos dos tratados eram na verdade bastante úteis se lembrarmos que a China era polígama; no fundo o que esses livros predicavam era um controle judicioso da sexualidade masculina. A desconfiança confuciana, que mais tarde se transformará em hostilidade, adveio da mesma preocupação pela estabilidade e santidade da família. Os livros de erotologia eram mais que simples tratados de higiene: manuais de prazer, enciclopédia de pequenas ou grandes perversões, apologias do luxo e, o que era pior, das desordens passionais. Lido com avidez não só pelos homens como também pelas mulheres, perturbavam a harmonia natural das relações entre os sexos, isto é, a posição subalterna da mulher.

O taoísmo se apresentou desde o princípio como uma arte ou método para alcançar, ao mesmo tempo, um estado de feliz acordo com o cosmos e a imortalidade ou, pelo menos, a longevidade. Por ser primordialmente um método e subsidiariamente uma filosofia, se assemelha à Ioga. A semelhança é ainda mais notável se se observa que tanto uns quanto os outros, adeptos taoístas e iogues, utilizavam certas técnicas corporais para "nutrir o princípio vital" e que entre elas figuravam, em primeiro lugar, os exercícios respiratórios. Entre as práticas

2. *Tso chuan* (Comentários de TSO aos *Anales de Otono y Primavera*), em *A Source Book in Chinese Philosophy*, compilação e tradução de Wing-tsit Chan, Princeton University Press, 1963.

taoístas destinadas a obter a imortalidade as mais importantes eram, sem dúvida, as relativas à retenção do esperma. Já mencionei a antiguidade e universalidade da identificação do sêmen com os poderes vitais. Esta ideia pode tornar-se obsessiva: na Índia moderna a maioria das pessoas acredita que toda perda de sêmen, por copulação ou desperdício encurta a vida. Não é segredo que muitos ocidentais, mesmo que de uma maneira inconsciência, sintam o mesmo temor. Na Antiguidade, ao se fazer do sêmen o homólogo do princípio vital, divinizou-se-o: foi espírito, potência divina e criadora. Esta crença contribuiu poderosamente para o nascimento e desenvolvimento do ascetismo: a castidade não foi apenas um recurso para acumular vida mas também um método de transmutar o esperma em espírito e poder criador. Não é isto que nos dizem os mitos do nascimento de Afrodite e de Minerva? Mas a retenção seminal, para o adepto taoísta, não podia ser senão a metade da operação: a outra metade consistia na apropriação do *ch'i* feminino, considerado como a manifestação mais pura da essência yin. Esclareço: *essência* mais no sentido material que no filosófico, mais fluido que ideia. Desde sua origem, a civilização chinesa concebeu o cosmos como uma ordem composta pelo ritmo dual – união, separação, união – de dois poderes ou forças: o céu e a terra, o masculino e o feminino, o ativo e o passivo, yang e yin. Assimilar o yin (*ch'i*) e uni-lo ao yang (sêmen não derramado) equivalia a convertermos a nós mesmos num cosmos idêntico ao exterior, regido pelo abraço rítmico dos dois princípios Vitais.

Assim como o tantrismo e pelas mesmas razões de ordem ritual e poética, o taoísmo inventou um sistema cifrado de expressões e símbolos. O crítico inglês Philip Rawson o qualifica como uma "criptografia sexual"[3]. Sua diferença com o tantrismo é, na minha opinião, a seguinte: os símbolos e expressões tântricas são conceitos sensíveis e obedecem a rigorosas classificações de ordem filosófica, enquanto que as imagens taoístas são fluidas e estão mais próximas da imaginação poética que no discurso racional. O taoísmo não é regido por uma dialética intelectual mas pela lei das associações de imagens: uma arborescência poética. Num caso, o corpo

---

3. Cf. *Erotic Art of the East*, de PHILIP RAWSON, introdução de Alex Comfort, Nova York, 1968.

humano e o cósmico concebidos como uma geometria de conceitos, uma lógica espacial; no outro, como um sistema de metáforas e imagens visuais, um tecido de alusões que perpetuamente se desfaz e se refaz. O patrono da longevidade no santoral taoísta é Shou Lou: este personagem aparece em pinturas e gravuras como um risonho ancião de enorme cabeça – "repleta de sêmen", observa Rawson – que segura na mão direita um pêssego (imagem da vulva), comprimindo com o dedo indicador a rachadura da fruta. O tantrismo nos coloca frente a símbolos precisos; o taoísmo frente a imagens alusivas e evasivas. A cadeia de associações inspiradas nas formas naturais é extensa e sugestiva: romã entreaberta → peônia → concha → lótus → vulva. O orvalho, a névoa, as nuvens e outros vapores estão associados ao fluido feminino, bem como a certos tipos de fungos. O mesmo se dá com os atributos masculinos: pássaro, raio, veado, árvore de jade. A imagem do corpo humano como o duplo do corpo cósmico aparece por vezes em poemas, ensaios e pinturas. Uma paisagem chinesa não é uma representação realista, mas uma metáfora da realidade cósmica: a montanha e o vale, a cascata e o abismo são o homem e a mulher, yang e yin em conjunção e disjunção. A *Grande Medicina dos Três Picos* encontra-se no corpo da mulher e se compõe de três sumos ou essências: um que vem da boca feminina, outro de seus peitos e o terceiro, o mais poderoso, da *Gruta do Tigre Branco*, que fica ao pé do *Pico do Cogumelo Rubro* (monte de Vênus). Estas metáforas meio poéticas, meio medicinais explicam, diz Rawson, a popularidade entre os chineses do cunilíngua: "essa prática era um excelente método de absorção do precioso fluido feminino". A geografia corporal tântrica alude aos lugares da religião, é um guia da peregrinação dos devotos: os rios sagrados como o Ganges e o Jamuna, as cidades santas como Benares e Bodhigaya. Na China o corpo é uma alegoria da natureza: riachos, ribanceiras, picos, nuvens, grutas, frutas, pássaros.

É compreensível que os métodos de retenção seminal e de apropriação do *ch'i* feminino fossem inseparáveis da alquimia e das práticas de meditação. Van Gulik menciona vários textos de alquimia em que se equiparam as operações e transformações das substâncias à copulação. Um deles, intitulado o *Pacto da tríplice equação*, se fundamenta numa analogia universal: a transmutação do cinabre em mercúrio, a do sêmen

*...o princípio de "dois em um"* [p. 95]

em princípio vital durante o *coitus reservatus* e a transformação dos diversos elementos segundo a combinação dos hexagramas do / *Ching*. O princípio de "dois em um" – em simetria inversa ao que "um em dois" do arquétipo andrógino – inspira tanto a alquimia como a erótica mística em todo o mundo. Conceba-se o corpo como o duplo analógico do macrocosmo e a alquimia já lança uma ponte entre ambos. Até mesmo um poeta que não se distinguiu de modo particular por sua inclinação pelo misticismo taoísta, Po Chi-i, escreveu um poema sobre os abraços alquímicos do dragão verde (o homem) e do tigre branco (a mulher). Observo, por último, que em suas formas extremas o taoísmo também conheceu e praticou, à maneira tântrica, a cópula pública. Não por libertinagem – embora esta também seja ascética – mas para apropriar-se do princípio vital e assim conquistar a imortalidade ou, pelo menos, a longevidade. Um dos episódios mais dramáticos da antiga história chinesa é a revolta popular conhecida como a Rebelião dos Turbantes Amarelos. O nome alude a uma seita taoísta que no final do período Han conseguiu organizar grande parte da China numa espécie de comunismo militante e religioso. Embora não conheçamos senão os testemunhos dos inimigos dos Turbantes Amarelos, parece certo que o movimento conquistou a apaixonada adesão do povo e de alguns grupos pertencentes à "inteligência". Também é certo que os rebeldes eram adeptos do misticismo sexual taoísta e que praticavam os ritos de copulação coletiva. O rito sobreviveu, numa semiclandestinidade, até nossos dias. Em 1950 o governo da República Popular da China descobriu e dissolveu uma seita (*I-kuan-tao*) cujos adeptos ainda praticavam as antigas cerimônias sexuais do taoísmo mágico.

A erótica indiana não oferece nada parecido. Para os indianos, as três atividades humanas centrais são o prazer (*kāma*), o interesse (*artha*) e a vida espiritual e moral (*dhanna*). A erótica faz parte da primeira. Como no caso dos tratados chineses, o primeiro livro, o famoso *Kāmasūtra*, não é o princípio mas a continuação, e a culminância, de uma tradição muito antiga. Embora seu conteúdo técnico seja semelhante ao dos textos chineses – posições, afrodisíacos, receitas mágicas, listas de compatibilidades e incompatibilidades anatômicas e temperamentais – as diferenças são flagrantes. Em primeiro lugar, não é um tratado de relações sexuais conjugais,

...o prazer como uma ramificação da estética [p. 99]

apesar de conter observações sobre as mulheres casadas, mas abarca toda gama de comércio carnal entre homens e mulheres: a sedução de moças solteiras bem como o trato com as cortesãs, as viúvas e as divorciadas. Diferença maior com a China: tem um capítulo inteiro dedicado expressamente ao adultério. O tema do livro é declaradamente o prazer – mais o de rua que o doméstico. O prazer concebido como uma arte e como uma arte de gente civilizada. A tônica é predominantemente técnica: como gozar e fazer gozar, e estética: como embelezar a vida e tornar mais intensas e duradouras as sensações. Não há a mais leve preocupação nem com a saúde, exceto como condição do prazer, nem com a família, nem com a imortalidade. Dupla ausência: a moral e a mística, a política e a religião.

Não conheço livro menos utilitário nem menos religioso que o *Kāmasūtra*. O mesmo ocorre com outros textos da erótica indiana, tais como o *Kokasātra* e o *Anangaranga*. Em nenhum deles se menciona a retenção seminal, muito embora se recomende, como é natural, prolongar o máximo possível o ato e se deem conselhos apropriados para isto. Livros de estética erótica e de bons hábitos de alcova: seu equivalente, dentro de outro contexto, seria *O Cortesão* de Castiglioni. Os livros chineses faziam parte da medicina e sob esse rótulo figuravam nos antigos catálogos. Os indianos eram uma ramificação das artes mundanas, como a arte dos cosméticos e dos perfumes, do tiro ao alvo e da culinária, da música e do canto, da dança e da mímica. Outra diferença, também capital: não se dirigiam nem ao homem de religião nem ao chefe de família mas ao *dandy* elegante e à cortesã rica. Estes dois tipos são, aliás, os heróis dos contos, novelas e poemas da grande literatura *kāvya*. Louis Renou observa com pertinência que os tratados de erótica (mais que de erotologia) eram utilíssimos para os escritores, poetas e dramaturgos, "que tinham necessidade de conhecer a teoria do *kāma* da mesma forma que a do *alamkra* (retórica) e da gramática. De fato, toda a liberatura refinada da índia clássica testemunha uma familiaridade muito grande com a erótica"[4]. Manuais de técnica sexual, livros de cortesia erótica, catecismos da elegância ociosa e refinada: o prazer como uma ramificação da estética.

4. *L'Inde Classique*, Paris, 1953.

A comparação da alquimia erótica chinesa com os textos tântricos revela diferenças de outra índole, mas não menos decisivas. A alquimia, por certo, não falta nos Tantras e, como no taoísmo, tem por objetivo unir o fluido masculino e o feminino. Pois bem, a união serve em cada caso a fins diferentes. No primeiro é um meio para obter a iluminação e, subsidiariamente, certos poderes mágicos (*siddhi*); no outro, a imortalidade é o objetivo essencial. A meta do taoísta é reconquistar o estado natural porque, entre outras coisas, ser imortal significa precisamente tomar a se unir ao movimento rítmico do cosmos, reengendrar-se incessantemente como o ano e suas estações, o século e seus anos. O chamado quietismo taoísta é inativo mas não imóvel: o sábio é como a natureza que gira imperturbável e sem descanso, mutável sempre e sempre regressando a seu começo sem começo. O ideograma da união sexual no / *Ching* é *Chi-chi*: em cima o trigrama *K'an* (água, nuvem, mulher) e embaixo o trigrama *Li* (fogo, luz, homem). É um momento e uma situação na ordem natural: o chinês não aspira a imobilizá-lo como o indiano mas a repeti-lo no instante em que assinale a conjunção dos signos. Se o universo é cíclico e fluido, a imortalidade deve ser vida que flui e que retorna. O discurso do Ocidente, a recorrência da China...

O indiano nega o curso e o transcurso; todas as suas práticas e meditações tendem a abolir o discurso e sua recorrência: fazer parar a roda das transmigrações. O taoísta flui com o fluir do cosmos: ser imortal é percorrer o círculo e, ao mesmo tempo, ficar imóvel no centro. É um paradoxo que vale tanto quanto o paradoxo cristão ou o budista. Vale tanto quanto eles e é incomparavelmente mais sábio que a louca corrida do nosso progresso, esse cego e soberbo caminhar de um ponto desconhecido em direção a outro igualmente desconhecido. O *hsü* taoísta é um estado de calma, liberdade e leveza invulnerável ao ruído de fora. Não *é* a vacuidade do budismo, embora também seja um estado de vazio. Ou mulher, é o fluido, o não-determinado, o que muda sem mudar, o que nunca se detém e está imóvel. União e, apesar disso, distância, como a névoa numa paisagem Sung ou esta frase de Su Tung-P'o: "Boatmen and water birds dream the same dream"[5]. Sonham

5. *Su Tung-P'o*, traduzido por Burton Watson, Columbia University Press, 1965.

o mesmo sonho mas não são o mesmo. Três atitudes: o indiano nega o tempo natural do taoísta e o tempo histórico de Confúcio, sacrifica-os no altar da vacuidade ou da não-dualidade; Confúcio absorve o tempo natural e sua essência: o *ch'i*, para transformá-lo em tempo histórico: família, sociedade, Estado; o taoísta nega o tempo histórico e a cultura para seguir o ritmo do tempo natural. As diferenças entre a atitude confuciana e a taoísta são divergências; as diferenças entre elas e a atitude indiana, religiosa ou profana, é uma verdadeira oposição que toma insignificantes as semelhanças. O assombroso não é que tenha havido empréstimos de uma civilização para outra mas que uma mesma prática, a retenção do sêmen, tenha sido objeto de tão opostas elaborações e doutrinas.

O tantrismo nega o tempo histórico e o natural. Assim, a conjunção entre os signos *corpo* e *não-corpo* equivale, apesar do exagerado materialismo de suas práticas, a uma descorporificação. O taoísmo nega o tempo histórico e moral: aspira a reintegrar-se no tempo cósmico e a ser uno com o ritmo cíclico do céu e da terra que, alternadamente, se abraçam e se separam. É outro caso de conjunção, embora menos extremada que a do tantrismo budista e hindu. Menos extremada e mais fecunda. Além dos clássicos taoístas, que estão entre os livros mais belos e profundos de todas as civilizações, esta doutrina foi como um rio secreto que durante séculos não parou de fluir. Inspirou quase todos os grandes poetas e calígrafos e a ela devemos a melhor pintura chinesa, para não mencionar sua influência sobre o budismo Ch'an, mais conhecido por seu nome japonês: Zen. Foi, sobretudo, durante séculos, o contrapeso da ortodoxia confuciana; graças ao taoísmo a vida chinesa não foi apenas uma imensa, complicada cerimônia, uma cadeia de genuflexões e deveres. Chuang Tzu foi o sal dessa civilização; o sal e a porta aberta para o infinito. Por tudo isso é desleal comparar o taoísmo com o tantrismo, que não é, a bem dizer, senão a última fase do budismo; a comparação deve ser feita com as grandes escolas mahayanas (*Mādhyamika* e *Vijñāna*). A conjunção budista é ativa e deliberada; a taoísta, passiva e inconsciente. O budismo criou uma lógica estrita e não menos complexa que a moderna lógica simbólica, o taoísmo foi assistemático e estético. Na conjunção budista o signo *não-corpo* assume a forma lógica do princípio de identidade: *nirvāna é samsāra*; na taoísta o ceticismo e o humor dissolvem o *não-corpo*: é mais uma poética que uma metafísica, um sentimento do mundo mais que uma ideia. A incapacidade do taoísta de elaborar sistemas da riqueza e complexidade do budismo, o preservou: não se imobilizou numa dogmática e foi como "a água do vale", que reflete em sua quietude todas as mudanças do céu. Ao mesmo tempo, foi-lhe impossível autocriticar-se, negar-se e transformar-se. Lentamente deslizou pela vertente até fundir-se e confundir-se com as superstições mais grosseiras do vulgo. O taoísmo parou de fluir: estancou.

## A Ordem e o Acidente

A atitude confuciana ante o sexo é moral, mas não metafísica. Nem divinização nem condenação do falo, O corpo não é mau nem pecaminoso: é perigoso. Por isso devemos controlá-lo e moderá-lo. Controle e moderação não querem dizer repressão nem supressão, mas harmonia. O modelo da harmonia são os princípios imutáveis que regem as conjunções e disjunções do céu e da terra. A sociedade virtuosa é regida pelas mesmas leis: o império é o espelho do cosmos. Se o imperador é o filho do céu, o pai de família é o sol de sua casa. Regular a emissão do sêmen e absorver o princípio vital feminino é moldar-se à harmonia universal e contribuir para a saúde geral da sociedade. A cópula conjugal é parte do bom governo, assim como a etiqueta, o culto aos antepassados familiares, a imitação dos clássicos e o cumprimento dos ritos. A essência primordial do homem é boa porque não é diferente da bondade intrínseca da natureza. Essa bondade inata é também chamada ordem, seja ela cósmica ou social. O ato sexual preenche o objetivo da instituição familiar – ter filhos e educá-los – a qual, por sua vez, não faz senão refletir e realizar entre os homens a ordem da natureza. A procriação e a educação são fases de um mesmo processo. Durante o coito, nos dias favoráveis e com a mulher prescrita, absorve-se natureza bruta, tempo natural, que se transforma em natureza social, histórica: filhos. O mesmo ocorre com a educação, que é o processo de socialização e integração da prole biológica na família e desta no império. Nos dois casos não se trata de mudar de natureza mas de voltar à ordem natural. Nisto consiste o que chamei, um pouco inexatamente, transmutação. O tempo passional e caótico do sexo se converte em tempo histórico, social. A história e a sociedade não são outra coisa senão natureza polida, devolvida a seu estado original, primordial.

No parágrafo anterior usei várias vezes a palavra *história*. Confesso que é uma intromissão de um conceito estrangeiro no sistema de Confúcio. Esclareço, pois, que por história deve-se entender, por um lado, cultura e, por outro, antiguidade arquetípica. O Estado feliz da Antiguidade pode voltar se os homens cultivarem a si mesmos como seus avós. A palavra *te* é traduzida geralmente por virtude, mas segundo Waley, os antigos chineses também designavam por *te* o ato de plantar sementes[6]. Portanto, *te é* poder: possibilidade inerente de crescimento. A virtude é inata no homem porque é uma semente; como tal, requer cultivo. O modelo do cultivo, ou seja: da cultura, é a ação da natureza, a grande produtora de sementes e, portanto, de virtudes. A transformação do sêmen em vida social virtuosa – ou por sua emissão durante o coito conjugai engendrar filhos ou por sua retenção prolongar a vida – *é* mais cultivo que transformação. Neste sentido o ato sexual é idêntico aos demais atos do homem civilizado; em todos eles se cultiva o tempo natural, até fazê-lo coincidir com seu princípio escondido. Este princípio é *T'ien tao*: a ordem cósmica.

A ideia central que move o pensamento de Confúcio parece negar a relação entre os signos *corpo* e *não-corpo*. Mais que isso: tem-se a impressão de que esses signos nem sequer se manifestam nesta visão do mundo. Com efeito, o que chamei *não-corpo é* tê, virtude; e essa virtude não é, para Confúcio, senão natureza. Quanto ao *corpo*, ele também é natureza e é produtor de *te*. Tudo se reduz a uma diversidade de modos de existência e não de essência: corpo biológico individual, corpo social familiar, corpo político imperial, corpo do cosmos. Observo, em primeiro lugar, que a mesma coisa poderia ser dita, ainda que em sentido inverso, do budismo e do cristianismo: tudo é vacuidade e tudo é espírito. A seguir, se se atenta para a significação real de *tê*, se percebe imediatamente que não é natureza, mas cultura. O termo oposto, correspondente a *samsara* e a pecado, é barbárie, vida selvagem. *Não-corpo é* cultura, vida social virtuosa. Por conseguinte, a relação entre os signos é a mesma que nas outras civilizações, embora seu significado particular seja diferente. O que ocorre

6. ARTHUR WALEY, *The Way and its Power*, Londres, 1934.

– e isto explica a confusão – é que o *não-corpo* confuciano – e ainda mais acentuadamente o do taoísmo – estava mais próximo do corpo e da natureza que a vacuidade budista e a divinização cristã. Por tal motivo, mesmo que a sublimação tenha operado como nas outras civilizações, o processo de desequilíbrio entre os signos foi diferente.

Max Weber descreveu num famoso ensaio as analogias entre o protestantismo e a classe mandarina confuciana. Também assinalou sua diferença essencial: o primeiro transforma o mundo; a segunda usa e goza de seus frutos. Mas na minha opinião a semelhança maior (e não mencionada) consiste na transmutação do tempo natural – excremento num caso e no outro sêmen – em tempo histórico e social. Pois bem, a diferença não é menos notável que a semelhança. A concepção confuciana da sociedade se inspira na produção natural das coisas pela ação da ordem imutável. Esse é o significado do *te* e de cultura. A sociedade virtuosa, a cultura, é a sociedade que se autoproduz e se repete como a natureza. Natureza que se reintegra, sêmen que se reabsorve, vida que se multiplica e que se autorregula. Ordem, controle, hierarquia: uma harmonia que não exclui nem as desigualdades nem os castigos. Não há disjunção como no protestantismo e a conjunção não é nunca extrema, como no taoísmo e no tantrismo. Masoconfucionismo não foi invulnerável (nenhuma ideia e nenhuma instituição o são) ao duplo ataque do sexo e da morte. No confucionismo a sublimação se expressa como neutralização dos signos por uma progressiva paralisia. Uma imobilidade que, para se realizar mais efetivamente, dá a ilusão de movimento: a natureza se torna cultura e esta, por sua vez, se mascara de falsa natureza que, de novo, se converte em cultura e assim por diante. A cada vez, a natureza é menos natural e a cultura mais rígida e formal. A China se conserva na recorrência mas não se nega e portanto não vai além de si mesma. A petrificação final era inevitável. A petrificação e o recomeçar tudo outra vez: ontem o Primeiro Imperador dos Ch'in e hoje sua reencarnação, o Presidente Mao. Um recomeçar total, absoluto, já que abarca não só o presente e o futuro como também o passado – ontem pela queima e destruição dos clássicos, hoje pela distorção da civilização chinesa e pela imposição da "interpretação maoísta" da história. Maníacas confiscações do passado, destinadas sempre a ser, por sua vez, confiscadas por essa potência que é, simultaneamente, a expressão mais certa do futuro e a abolição de todo tempo: o esquecimento... Em suma, o processo de sublimação no confucionismo foi a cultura: imitação da natureza e dos clássicos; no protestantismo, a repressão moral. As duas atitudes se expressam plasticamente, por assim dizer, em suas opostas reações frente ao sêmen e ao excremento.

Na índia e na China o modo de relação entre os signos *corpo* e *não-corpo* foi a conjunção. No Ocidente, a disjunção. Em sua última fase, o cristianismo exagera a separação: condenação do corpo e da natureza na ética protestante. O outro polo da relação (espírito, alma) é algo muito distante do Tao de Lao Tzu, da vacuidade de Nāgārjuna ou da ordem natural de Confúcio: o reino das ideias e das essências incorruptíveis. Divórcio entre o céu e a terra: a virtude consiste no sacrifício da natureza para merecer o céu. Em sua última fase, o cristianismo engendra a sociedade a-religiosa moderna e desloca a relação vertical entre os termos para o plano horizontal: o céu se faz história, futuro, progresso; e a natureza e o corpo, sem que deixem de ser inimigos, deixam de ser objetos de condenação para se converter em sujeitos de conversão. A história não é circular e recorrente, como na China; também não é um intervalo entre a Queda e o Fim, como na sociedade medieval ou, como na democracia grega, luta entre iguais: é ação aberta em direção ao futuro, colonização do porvir. O antigo cristianismo, gêmeo nisto do Islame, concebeu a ação histórica como cruzada, guerra santa e conversão de infiéis. Os ocidentais modernos transferem a conversão para a natureza: agem sobre ela, contra ela, com o mesmo desvelo e com melhores resultados que os cruzados contra os muçulmanos. A transformação do excremento em ouro abstrato não foi senão uma parte da imensa tarefa: submeter o mundo natural, domar afinal a matéria contaminada e contaminadora, consumar a derrota do elemento poderoso e rebelde. A conquista, dominação e conversão da natureza tem raízes teológicas, embora os que hoje a empreendam sejam homens de ciência a-religiosos e mesmo ateus. A sociedade contemporânea deixou de ser cristã mas suas paixões são as do cristianismo. Apesar de nossa ciência e de nossa técnica não serem religiosas, possuem uma índole cristã: inspira-as o furor pio dos cruzados e dos conquistadores, dirigido agora não mais à conquista das almas mas à do cosmos. A China concebeu a cultura como cultivo da natureza; o Ocidente moderno como domínio sobre ela; uma foi cíclica e recorrente; a outra é dialética: nega-se a cada vez que se afirma e cada uma de suas negações é um salto rumo ao desconhecido.

Ocidente: disjunção extrema e violência não menos extrema. Não faltará quem ponha em dúvida o primeiro dado e observe que nossa época é *materialista*. Outros dirão que a violência do Ocidente não é maior que a de assírios, astecas e tártaros, com a diferença de que é uma violência criadora: cobriu a terra de construções esplêndidas e povoou de máquinas o espaço. Responderei brevemente. É verdade que desde o século XVI o pensamento do Ocidente e sobretudo sua ciência tem sido cada vez menos espiritualista. A significação tradicional do signo *não-corpo* mudou paulatinamente: primeiro teve um sentido religioso (a divindade); depois filosófico (idealismo); mais tarde crítico e finalmente materialista. Este último merece um esclarecimento. Não importa que a concepção contemporânea da matéria tenha pouco a ver com o antigo materialismo: mesmo que a consideremos um tecido de relações ou estruturas que não estão regidas, pelo menos na totalidade dos casos, pelo determinismo científico do século XIX, dificilmente podemos chamar *ideias* ou *espírito* as partículas atômicas ou as células biológicas. Tampouco pensamos nelas como criações: são objetos, coisas, nós de relações e forças que podemos descrever aproximadamente. Nesta esfera a ideia de criação ou é supérflua ou redundante: a noção de um criador não faz parte das regras do jogo científico. Posto isto, acrescento que estamos ante um *materialismo* – para continuar empregando este termo inexato – que se opõe à realidade concreta do signo corpo com a mesma rigidez que a do antigo espírito. Para conhecer a natureza – na verdade: para dominá-la – o que fizemos foi modificá-la; deixou de ser uma presença corpórea para se transformar numa relação. A natureza se tornou, até certo ponto, inteligível; se tornou também intangível. Já não é corpo: é equação. Uma relação que se expressa por símbolos e que, portanto, é idêntica ao pensamento ou redutível a suas leis. O solipsismo científico é uma variante do solipsismo linguístico. Sobre este último, dizia Wittgenstein ser ele legítimo e coerente: "o mundo é meu mundo: isto se manifesta pelo fato de que os limites da linguagem significam os limites de meu mundo… Eu sou meu mundo".

Só que esse "eu sou" não é o corpo mas minha linguagem – a linguagem. Uma linguagem que cada vez é menos minha: é a da ciência.

O caráter abstrato de nosso materialismo também se manifesta nas ciências humanas. As "coisas sociais" de Durkheim e Mauss não são realmente objetos mas instituições e símbolos elaborados por uma enteléquia que se chama sociedade. Para dar outro exemplo: o materialismo histórico ou dialético. A primeira expressão indica que estamos ante uma matéria histórica, feita pelos homens. Não é o corpo: é a história. No que tocai segunda: ninguém ainda pôde explicar a relação entre matéria e dialética. Não, nossa matéria não é corpórea nem nosso materialismo carnal. O velho espírito mudou de domicílio e de nome. Perdeu alguns atributos e ganhou outros: e isso é tudo. A própria psicanálise é parte da sublimação e, portanto, da neurose da civilização do Ocidente. Com efeito, as fronteiras entre neurose e sublimação são muito tênues: a primeira nos encerra num imaginário beco sem saída e a segunda nos abre uma saída igualmente imaginária. A terapêutica da psicanálise equivale, em termos individuais, às sublimações coletivas. Norman O. Brown cita uma frase de Freud que me poupa prosseguir esta demonstração: "as neuroses são estruturas associais. Procuram realizar por meios privados o que se realiza na sociedade por meios coletivos". Esses meios coletivos são as sublimações a que chamamos arte, religião, filosofia, psicanálise. Só que as sublimações, englobadas sob o signo *não-corpo*, também conduzem as sociedades para becos-sem-saída quando a relação com o signo *corpo* se rompe ou se degrada. É isto o que ocorre no Ocidente, não apesar de nosso materialismo, mas justamente por causa dele. Trata-se de um materialismo abstrato, uma espécie $e$ platonismo às avessas, desencarnado como a vacuidade do Buda. Já nem sequer provoca a resposta do *corpo*: deslizou sobre ele e, como um vampiro, chupa-lhe o sangue. Basta folhear uma revista de modas para comprovar o estado lastimável a que o novo materialismo reduziu a forma humana: os corpos dessas jovens são a própria imagem do ascetismo, da privação e do jejum.

A disjunção do Ocidente, ao contrário do que ocorria na conjunção oriental, impede o diálogo entre o *não-corpo* e o *corpo*, de modo a nos levar fatalmente à acumulação das sublimações. Só que "o caminho da acumulação de sublimações", diz Brown, "é também o caminho da acumulação da agressão". O resultado é a explosão. Não é necessário estender-se na descrição das atrocidades do Ocidente. Aceito de bom grado, aliás, que as das outras civilizações não tenham sido menos terríveis. Por outro lado enfatizo a tonalidade específica da violência ocidental. Para o Ocidente cristão as sociedades desconhecidas sempre foram a encarnação do mal: viu-se nelas o inimigo do *não-corpo*; as sociedades estranhas – selvagens ou civilizadas – eram manifestações do mundo inferior: *corpo*. E como corpos foram tratadas, com igual rigor com que os ascetas castigavam seus sentidos. Shakespeare fala disso claramente em *A tempestade*. A diferença de atitudes entre os hispano-portugueses católicos e os anglo-saxões protestantes na colonização da América não é mais que uma expressão das atitudes básicas de ambos ante o corpo. Para o catolicismo da Contra Reforma ainda existia a possibilidade de mediação entre o *corpo* e o *não-corpo*; consequência: a conversão e a mestiçagem. Para o protestantismo, o abismo já era intransponível; resultado: o extermínio dos índios americanos ou sua reclusão nos "territórios reservados".

O sentimento de culpa reforça nossas tendências agressivas. E também as transfere: os outros nos ameaçam, nos perseguem, querem nos destruir. Os outros são também, e predominantemente, o Outro: os deuses, as forças naturais, o universo inteiro. Em todas as civilizações, sem excluir o primeiro período da nossa (catolicismo medieval), os terremotos, epidemias, inundações, secas e demais calamidades eram vistas como uma agressão sobrenatural. Às vezes como manifestações da cólera, do capricho e, ainda, da insensata alegria das divindades; outras, como castigos pelos pecados, pelos excessos ou pelas faltas dos homens. Um recurso consistia em aplacar ou comprar a benevolência da divindade com sacrifícios, boas ações, ritos de expiação, desagravos e outras práticas; outro meio era a transfiguração da pena pela sublimação ética ou filosófica, como no Édipo de Sófocles ou na visão de Arjuna no campo de batalha, ao contemplar Visnu como o indiferente doador de vida e morte. De ambas maneiras, pelo rito ou pela resignação filosófica, o homem podia se reconciliar com sua desgraça. Essa reconciliação, ilusória ou não, tinha uma virtude específica: inserir a desgraça na ordem cósmica e humana, fazer inteligível a exceção, dar sentido ao acidente. A ciência moderna eliminou as epidemias e nos deu explicações plausíveis acerca das outras catástrofes naturais: a natureza deixou de ser o repositório de nosso sentimento de culpa; ao mesmo tempo, a técnica estendeu e ampliou a noção de acidente e, além disso, conferiu-lhe um caráter absolutamente diferente. Duvido que o número das vítimas de quedas de cavalo e de picadas de cobra tenha sido maior na Antiguidade, mesmo proporcionalmente, ao que agora causam os automóveis que capotam, os trens que descarrilam, os aviões que explodem. O acidente faz parte de nossa vida cotidiana e sua sombra povoa nossas insônias assim como o mau olhado tira o sono dos pastores nas aldeias do Afeganistão.

Além do acidente individual e diário, há o Acidente universal: a bomba. A ameaça de extinção planetária não tem data marcada: pode ser hoje ou amanhã ou nunca. É a indeterminação extrema, ainda mais difícil de prever que a ira de Jeová ou a raiva de Siva. O Acidente é o iminente provável. O iminente porque pode acontecer hoje; o provável porque em nosso universo não só desapareceram os deuses, o espírito, a harmonia cósmica e a lei da causalidade plural budista como também, simultaneamente, desmoronou-se o determinismo arrogante da ciência do século XIX. O princípio de indeterminação na física contemporânea e a prova de Gödel na lógica são o equivalente do Acidente no mundo histórico. Não digo que sejam o mesmo: digo que nos três casos os sistemas axiomáticos e deterministas perderam sua consistência e revelam uma falha inerente. Essa falha não é na verdade uma falha: é uma propriedade do sistema. Algo que lhe pertence enquanto sistema. O Acidente não é uma exceção nem uma doença de nossos regimes políticos; também não é um defeito corrigível de nossa civilização: é a consequência natural de nossa ciência, de nossa política, de nossa moral." O Acidente faz parte de nossa ideia de progresso como a concupiscência de Zeus e a embriaguez e gulodice de Indra faziam parte, respectivamente, do mundo grego e da cultura védica. A diferença consiste em que se podia distrair Indra com um sacrifício do *soma*, mas o Acidente é incorruptível e imprevisível.

Converter o Acidente numa das rodas da ordem histórica em processo não é menos prodigioso que demonstrar que nem o cérebro humano nem os *computers* podem provar que os axiomas da geometria e da aritmética – ou seja: os fundamentos das matemáticas e o modelo da lógica – são absolutamente consistentes[7]. Só que as consequências são outras: a prova de Gödel ou as conclusões de Heisenberg nos deixam perplexos; o Acidente nos aterra. O signo *não-corpo* sempre foi repressivo e tem ameaçado o homem com o fogo eterno, o círculo das transmigrações e outras penas terríveis. Agora nos promete a extinção total e acidental, sem distinção entre justos e pecadores. O Acidente se tornou um paradoxo da necessidade: possui a fatalidade desta e a indeterminação da liberdade. O *não-corpo*, transformado em ciência materialista, é sinônimo do terror: o Acidente é um dos atributos da razão que adoramos. O atributo terrível, como a soga de Siva ou o raio de Júpiter. A moral cristã cedeu-lhe seus poderes de repressão mas, ao mesmo tempo, toda pretensão de moralidade se retirou desse poder sobre-humano. É o retorno da angústia dos astecas, ainda que sem presságios nem signos celestes. A catástrofe se torna banal ou irrisória porque o Acidente, no final das contas, não passa de um acidente.

*A Noiva Despida Por Seus Solteiros*

As respostas internas à repressão do Ocidente foram tão violentas quanto as reações externas contra sua opressão colonial. Além disso, assumiram desde o início formas bizarras e fantásticas. Van Gulik observa que um exame dos *Tratados do leito* apresenta um número reduzido de perversões e de desvios sexuais. Aquele que tiver lido as novelas eróticas chinesas confirmará a opinião do sinólogo holandês. O mesmo ocorre com a literatura e a arte da Índia, trate-se da escultura, da novela, da poesia ou dos livros de erotologia. A exceção são os textos tântricos mas, mesmo neles, os ritos escatológicos e sangrentos têm por objetivo, precisamente, reabsorver o instinto destruidor. A relação de conjunção impediu, na antiga Ásia, o crescimento excessivo do sadismo e 40 masoquismo.

7. ERNEST NAGEL e JAMES R. NEWMAN, *Gödel's proof*, Nova York, 1958. Ramón Xirau traduziu este livro para o espanhol e fez agudos comentários sobre o tema. Ver, por exemplo, sua crítica ao estruturalismo em *Diálogos* (n. 21, maio-junho de 1968). [Trad. bras. ERNEST NAGEL e JAMES R. NEWMAN, *Prova de Gödel*, São Paulo, Ed. Perspectiva, 1973, Col. Debates, n.º 75.]

Nenhuma civilização, com exceção talvez da asteca, pode oferecer uma arte que rivalize em ferocidade sexual com a do Ocidente. E existe uma diferença com relação aos astecas: sua arte foi uma sublimação religiosa; a nossa é profana. Porque ao falar de crueldade não aludo às sombrias representações da arte religiosa do fim da Idade Média nem às da Contra Reforma na Espanha: refiro-me à arte moderna, do século XVIII até nossos dias. Sade é único. Único porque neste assunto o Ocidente foi único. A relação entre *não-corpo* e *corpo* assume nas obras eróticas europeias a forma: *tortura* e *orgasmo*. A morte como espora do prazer e como senhora da vida. De Sade a *Histoire d'O* nosso erotismo é um hino fúnebre ou uma pantomima sinistra. Em Sade o prazer desemboca na insensibilidade: à explosão sexual sucede a imobilidade da lava fria. O corpo se toma faca ou pedra; a matéria, o mundo natural que respira e palpita, se transforma numa abstração: um silogismo afiado que suprime a vida e acaba por degolar-se a si própria. Estranha condenação: mata-se e assim revive, para matar-se de novo.

Em regiões menos carregadas de agressividade que o romance erótico moderno, a violência eclode com a mesma energia embora com menor crueldade fantástica. Por exemplo, a disputa pelo amor livre, pela educação sexual, pela abolição das leis que castigam os desvios eróticos e outras reivindicações desse gênero. O que me escandaliza não é, por certo, a legitimidade dessas aspirações mas a expressão combativa e guerreira que adotam. Os direitos do amor, a luta pela igualdade sexual entre homens e mulheres, a liberdade dos instintos: esse vocabulário é o da política e o da guerra. É bem verdade que em todas as civilizações aparece a analogia entre o erotismo e o combate mas em nenhuma, exceto na nossa, assume a forma de protesto revolucionário. A luta erótica é um jogo, uma representação para o indiano e para o chinês; para o ocidental, a metáfora guerreira adquire imediatamente um sentido militar e político, com a decorrente série de proclamas, regulamentos, normas e deveres. Nada mais distante do combate corpo a corpo. O fanatismo de nossos rebeldes é a contrapartida da severidade puritana; há uma moral da dissolução como há uma moral da repressão e ambas subjugam seus adeptos com pretensões igualmente exorbitantes.

Outro exemplo: nossa atitude face ao desvio sexual. A literatura chinesa trata brevemente do tema da homossexualidade masculina e o faz por alto; quanto à feminina, sua atitude é antes benévola. Mais que um problema de moral é um assunto de economia vital: não é infame a cópula entre homens; é nociva porque sua prática excessiva malogra a apropriação do precioso *ch'i* feminino. A literatura e a arte da índia são ainda mais parcas, embora sejam abundantes as imagens com temas lésbicos. É óbvio que as duas civilizações não ignoraram estes desvios. Se não os exaltaram como os gregos, os persas e os árabes, também não os perseguiram com a fúria do Ocidente. O "pecado nefando" é outra singularidade do cristianismo. Em Delhi e em outras cidades e povoados de Uttar Pradesh e Rajastan há uma seita de músicos e bailarinos que percorrem as mas e praças vestidos de mulher. São artistas ambulantes que exercem, subsidiariamente, a prostituição masculina. Sua presença é frequente e quase obrigatória em cerimônias de nascimento e matrimônio, tanto entre os hindus como entre os muçulmanos. Na índia vitoriana de nossos dias – deformada pela dupla herança do puritanismo muçulmano e inglês – ninguém fala neles mas ninguém prescinde de seus bailados e cantos quando nasce um filho ou quando alguém se casa na família. No Ocidente os homossexuais tendem a ser vingativos e seus ritos se assemelham a reuniões de conspiradores e de conjurados. Outro hábito que no Oriente é visto mais como um exercício de higiene física e psíquica e não como uma abominação: a masturbação. Trate-se de práticas solitárias, heterossexuais ou homossexuais, nosso erotismo é reformador e não, como deveria ser, conformador. A discórdia é o complemento do Acidente.

A história do *corpo* na fase final do Ocidente é a de suas rebeliões. Não creio que em nenhuma outra época nem em nenhuma outra civilização o impulso erótico tenha se manifestado como uma subversão pura ou predominantemente sexual. Quero dizer: o erotismo é algo mais que uma mera urgência sexual, é uma expressão do signo *corpo*. Pois bem, o signo *corpo* não é independente; é uma *relação* e sempre é um para, frente, contra ou com o signo *não-corpo*. A rebelião do Ocidente parece indicar que a disjunção entre os signos se tornou de tal forma extrema que sua relação tende a se esvanecer quase que inteiramente. A situação relembra, em sentido inverso, a heresia catara com sua ênfase na castidade e sua negação da procriação. Ontem, tentativa de dissolução do signo *corpo*; agora, do *não-corpo*. Mas será que a relação realmente desaparece? Tenho minhas dúvidas, tanto num quanto noutro caso. Quanto aos cátaros, deve-se ter presente que, como em todas as religiões, havia duas morais: a dos "crentes" (laicos) e a dos "perfeitos". Outro indício: mesmo que não se veja a poesia provençal como uma expressão cifrada do catarismo, como pretende Denis de Rougemont, é evidente, entretanto, a influência deste movimento na concepção do "amor cortês". Pois bem, neste último não há negação de nenhum dos dois signos: a ambígua exaltação do adultério e da dama ideal, o rito da contemplação da amada que se deixa ver despida sob condição de não ser tocada e essa espécie de idealização do *coitus reservatus* que era o *asang*, afirmam simultaneamente o *corpo* e o *não-corpo*[8]. Não poderia ser de outra forma: um não vive sem o outro. Suas uniões e separações são a substância do erotismo, aquilo que o distingue da mera sexualidade. Não há erotismo sem referência ao *não-corpo*, assim como não há religião sem referência ao *corpo*. A sexualidade pura não existe entre os homens, e nem, provavelmente, entre os animais superiores. É um mito humano – e uma realidade entre os animais de espécies inferiores e os vegetais. A função do erotismo, em todas as sociedades, é dupla: por um lado, é uma sublimação e uma transmutação imaginária da sexualidade servindo assim ao *não-corpo*; por outro, é uma ritualização e uma atualização das imagens, servindo assim ao *corpo*. O rito corporal se refere ao *não-corpo*, como se pode ver no tantrismo: a imagem erótica, como todos sabemos por experiência própria, se refere ao *corpo*. Na imagem o *corpo* perde sua realidade corpórea; no rito o *não-corpo* encarna. A relação entre os dois signos subsiste sempre, quer se trate de imagens tradicionais e ritos coletivos ou de fantasias individuais e jogos privados. Portanto, se a nova moral sexual carece efetivamen-

8. O *asang* era um dos graus do "amor cortês" e consistia em que os amantes, despidos, penetrassem no leito mas não chegassem a consumar o ato. (Cf. *L'Erotique des Trobadours*, de RENÉ NELLI, Toulousa, 1963.) Para Nelli, trata-se de uma transposição e de uma purificação da "prova de amor" cavalheresca. Não se deve desprezar, além do que e sobretudo, a influência oriental, quer por intermédio do maniqueísmo cá taro, quer pelo contato com a erótica árabe.

te de referência ao *não-corpo*, isto deve ser interpretado como uma nostalgia da vida animal, uma renúncia da cultura humana e, consequentemente, do erotismo. Não se trata disso, conforme veremos. É uma moral: uma nova tentativa do *não-corpo* de deslizar sobre o corpo, desagregar sua imagem e convertê-lo em realidade abstrata. O catarismo foi a aversão do espírito pelo corpo; a nova moral sexual é uma perversão do corpo pelo espírito.

Não é menos inquietante que a rebelião dos sentidos adote a forma de uma reivindicação social e política. Inserir o sexo no catálogo dos direitos do homem é tão paradoxal como regulamentar o ato sexual pelas normas do bom governo. Não obstante, há uma diferença: o bom governo confuciano tendia a conservar a sociedade e se referia a uma realidade ao mesmo tempo natural e ideal: o céu e seu curso (*T'ien tao*); a sexualidade como direito tende a modificar a sociedade e se refere a uma realidade unicamente ideal, abstrata. Pedimos liberdade sexual não em nome do corpo, que não é sujeito de direito, mas de uma entidade ideal: o homem. Os movimentos erotizantes de outras civilizações, tais como o taoísmo tardio e o tantrismo, foram religiosos; em outros casos – o "amor cortês" e a paixão romântica são os exemplos mais próximos – nasceram e viveram nas fronteiras da estética, da religião e da filosofia. No Ocidente, desde o século XVIII, o erotismo foi intelectual e revolucionário. Os filósofos libertinos foram primordialmente ateus e materialistas, subsidiariamente sensualistas e hedonistas. Sua erótica era consequência de seu materialismo e de seu ateísmo, parte de sua polêmica contra os poderes repressivos da monarquia e da igreja. O combate entre os signos *corpo* e *não-corpo* se transformou num debate e a luta se deslocou da esfera das imagens, dos símbolos e dos ritos para a das ideias e das teorias. A passagem da religião à filosofia e da estética à política foi o princípio da desencarnação do corpo. *Les cent vingt journées de Sodoma* são um tratado de filosofia revolucionária e não um manual de boas maneiras sexuais como o *Kāmasūtra* nem um guia da iluminação como o *Tantra Hevajra*. Os antigos já conheciam as práticas descritas por Sade, de modo que a real novidade não consistiu em recordar sua existência mas em transformá-las em opiniões: deixaram de ser abominações ou ritos sagrados, segundo a civilização, para se converterem em ideias.

O fenômeno novo não é o erotismo mas a supremacia da política. No passado se professavam ideias religiosas e filosóficas mas não se tinham, num sentido estrito, ideias políticas. Porque a política não era uma ideia. A ação pública era matéria de moral ou de conveniência: uma arte, uma técnica ou um santo dever, como na república romana. Tudo isto, pouco ou nada tinha a ver com a concepção de política como teoria. Ao contrário do passado, nossa política é fundamentalmente uma teoria: uma visão do mundo. O erotismo de Sade é uma filosofia revolucionária, uma política: esgrime as práticas aberrantes como um orador acumula em seu discurso os agravos do povo contra o governo. É verdade que entre os gregos a política era uma atividade central, o atributo que distinguia o cidadão não só do escravo como do bárbaro. Só que não era um método de transformar o mundo. Sua finalidade era individual e coletiva: em primeiro lugar, destacar-se frente aos outros pela persuasão do exemplo virtuoso ou pela habilidade da retórica e assim ganhar fama, conquistar renome e, em suma, realizar o ideal do cidadão; em segundo lugar, contribuir para a saúde da *polis*, seja qual for o significado que se queira dar à saúde e à *polis*: a independência da cidade ou seu poderio, a liberdade dos cidadãos ou sua felicidade. Em nenhum dos dois casos a política era uma teoria. As doutrinas políticas de Platão, de Aristóteles e dos estoicos não são uma teoria do mundo mas uma projeção de suas respectivas teorias na esfera da sociedade e do Estado. Para os enciclopedistas e mais tarde para Marx, a teoria não só é inseparável da prática como também ela própria, enquanto teoria, já é prática, ação sobre o mundo. A teoria, enquanto tal, é política. Numa sociedade como a chinesa, preocupada acima de tudo com a preservação da ordem social e com a continuidade da cultura – preocupações que, embora pareçam ser, não são exclusivamente políticas – a própria censura era uma função imperial: o trono nomeava ministros e censores assim como um jardineiro se serve simultaneamente de adubo e de tesouras. Desta forma, a política fazia parte da cosmologia (lei do céu) e da arte de cultivar. Em nossa sociedade, a ciência e a cultura são expressões das classes e das civilizações: são história e, em última instância, política. Quando digo que para nós a política é uma visão do mundo, cometo uma leve imprecisão: nossa ideia do mundo não é uma visão mas um juízo e daí ser também ela uma ação, uma prática. A imagem do mundo, ou melhor, *a ideia do mundo como imagem*, deu lugar a outra ideia, a outra imagem: a de teoria revolucionária. Nossa ideia do mundo é *mudar o mundo*. Política é sinônimo de revolução.

Ao procurar traduzir a palavra revolução, os chineses não encontraram expressão melhor que *koming*[9]. Pois bem, *ko- -ming* quer dizer "troca de mandato" e, por extensão, troca de dinastia. Mandato de quem? Não do povo mas do Céu. O Mandato do Céu (*T'ien ming*) significa que o princípio que rege a natureza (*T'ien tao*) desceu sobre um príncipe. No *Livro da História*, o Duque Chou diz: "O céu causou a mina da dinastia Yin. Eles perderam o mandato do Céu, e nós, os Chou, o recebemos. Mas não me atrevo a garantir que nossos descendentes o conservarão". O método para conservar o mandato é a virtude confuciana. Nada mais distante de nossas ideias democráticas e, também, da concepção do direito ao trono pela lei do sangue. Como é natural, esta doutrina despertou a oposição, não dos filósofos da vontade popular (que não existiam), mas dos apologistas da autoridade imperial. A antiga China elaborou, como polo oposto da atitude < associai e individualista do taoísmo, uma doutrina – o legalismo ou realismo (*Fa-chia*) – que muito sumariamente pode-se reduzir ao seguinte: já que a relação entre os nomes e as realidades que eles designam (*hsing-ming*: formas e nomes) é mutável e depende das circunstâncias, a teoria das leis imutáveis do Céu (*T'ien tao*) não tem aplicação na arte de governar os homens; cabe ao príncipe dar a cada nome um sentido unívoco e governar segundo esse princípio: ao se definir o que é bom e o que é mau, o útil e o nocivo para o Estado, poder-se-ão aplicar com segurança os prêmios e os castigos. Assim exorta Han Fei Tzu ao seu senhor: "Livra-te da benevolência de Yen (monarca legendário) e esquece a sabedoria de Tzu-Kung (discípulo de Confúcio). Arma os estados de Hsü e de Lu até que possam se defrontar com um exército de dez mil carros de guerra, aí então os de Ch'i e Ching não poderão conduzi-los como agora, conforme seu gosto"[10]. Deste modo se rechaçava a autori-

---

9. Cf. JOSEPH R. LEVENSON, *Confucian China and its Modem Fate* (no segundo volume), Londres, 1964.
10. HAN FEI TZU, *Basic Writings*, tradução de Burnon Watson, Columbia University Press, 1966. Cf. também: ARTHUR WALEY, *Three Ways of Thought in Ancient China*, Londres, 1939.

dade da tradição – o sentido imutável dos nomes – é com ela a teoria do Mandato do Céu: a autoridade não tem outra origem além do príncipe, árbitro dos nomes, dos prêmios e dos castigos. A doutrina do Mandato do Céu afirma, pelo contrário, que os nomes e os significados são imutáveis: quem muda são os príncipes. Se a teoria justifica a mudança de regime e até mesmo obriga o homem virtuoso a assassinar o príncipe que viola seu Mandato, impede, por outro lado, a mudança de sistema. Levenson comenta: "*Tien ming* doctrine really was an expression of conflict with the emperor, though a burocratic, not a démocratie expression... a defence of gentry-literati in their conflict-collaboration with the emperor in manipulating the state." Exatamente o oposto da doutrina de Saint Just: ao se executar Luís XVI o que estava em questão era sobretudo ferir mortalmente o princípio monárquico.

No Ocidente, revolução não significa somente mudança de sistema (e não de governo) mas algo mais e nunca visto: mudança da natureza humana. Tanto na sociedade medieval cristã como nas demais, a transmutação do homem era uma operação de índole religiosa; nem mesmo os filósofos, com exceção das filosofias religiosas como a platônica, se atreveram a intervir nesta esfera. Mas o cristianismo, em seu ocaso, transferiu a tradicional missão de todas as religiões aos partidos revolucionários: agora são eles e não a graça nem os sacramentos, os agentes da transmutação. Este deslocamento coincide com outro na esfera da arte e da poesia. No passado, o fim primeiro e último da arte era a celebração ou a condenação da vida humana; a partir dos românticos alemães e com maior ênfase depois de Rimbaud, a poesia se propõe a *transformar a vida*. A revolução social e a arte revolucionária se converteram em empresas religiosas ou, pelo menos, em empresas que a Antiguidade sempre considerou como sendo de jurisdição exclusiva da religião. Nesta partilha dos despojos da religião, a revolução ficou com a ética, a educação, o direito e as instituições públicas: o *não-corpo*. A arte com os símbolos, as cerimônias, as imagens: tudo aquilo a que chamei encarnação das imagens e que é a expressão sublimada, embora sensível, do signo *corpo*.

A rebelião dos sentidos, como parte da mudança geral, se expressou às vezes como reivindicação social e outras mais como rebelião poética – ou seja, fusão da poesia com a revolta filosófico-moral e com o erotismo, segundo a concepção romântica e surrealista. Esta é uma das facetas – ou mais exatamente, uma das raízes – da ambivalência da arte moderna, perpetuamente dividida entre a expressão da vida, seja para celebrá-la ou para condená-la, e a reforma dessa mesma vida. Os artistas e poetas da idade moderna coincidiram com os revolucionários na empresa de destruição das velhas imagens da religião e da monarquia mas não podiam acompanhá-los na substituição desses símbolos por meras abstrações ideológicas. A crise se inicia com os românticos alemães, divididos entre sua inicial simpatia pela Revolução Francesa e seu idealismo corporal e analógico. Devemos a Novalis algumas das máximas mais luminosas sobre o erotismo e as relações entre o corpo do homem e o do cosmos; é ele, igualmente, o autor de um dos ensaios mais reacionários dessa época: *A Europa e a cristandade*. O conflito, longe de se atenuar, se aguçou nos últimos cinquenta anos. Não é necessário relembrar o drama do surrealismo, o suicídio de Maiakóvski e o martírio moral de César Vallejo. Quando o poeta peruano, em pleno *engagement* comunista, censura os "bispos bolcheviques", não lhes reprova tanto sua arrogante e sectária teologia de funcionários mas o fato de que não tenham podido transformar a ideia de fraternidade proletária numa verdadeira comunhão: um rito sem deus mas com sacramentos. Nostalgia do símbolo encarnado na eucaristia.

As duas revoluções do Ocidente, a francesa e a soviética[11], entronizaram o signo *não-corpo* e em ambas este se transformou em agente revolucionário e em pedagogo da sociedade. Pôde assim sublimar e moralizar a rebelião dos sentidos. Em suas formas mais radicais, transformou-a em luta pelos direitos eróticos, tanto da mulher como das minorias sexuais. Em suas expressões moderadas, a canalizou: ação em favor da educação sexual e da higiene, implantação de uma legislação mais racional do matrimônio monogâmico e adoção de leis do divórcio, supressão das penas bárbaras contra os desvios eróticos e outras reformas similares. Não era nada disso, nem é, o que pedem os sentidos exasperados: pedem imagens, símbolos, ritos. Formas imaginárias e, não obstante, reais, de

---

11. Mas são de fato duas ou não seria a soviética apenas a versão russa da revolução burguesa, como Ivan o Terrível e Pedro o Grande o foram do absolutismo e do Estado nacional europeus?

nossos desejos e obsessões; cerimônias nas quais essas imagens ganhem finalmente corpo, sem deixar de ser imagens. O novo materialismo afirma, com ênfase igual à das antigas religiões, que possui a chave do universo. É possível que a tenha mas também é certo que não nos pôde dar uma imagem deste mundo nem a de outros. Seu universo não tem corpo e sua matéria é abstrata e incorpórea como uma ideia. Sua ciência nos diz como funcionam os órgãos genitais e nos ensinou mais a esse respeito que todos os *Kāma-sūtras* e os *Tratados do leito*. Por outro lado, não nos deu uma erótica: em seus manuais as palavras prazer e imaginação foram substituídas por orgasmo e saúde. Suas receitas são técnicas para conservar o poder genésico, regular o nascimento dos filhos, limpar nossa psique das teias de aranha do medo, exorcizar os fantasmas do pai e da mãe. Ensinam-nos a ser normais mas não a nos enamorarmos nem a nos apaixonarmos. Nada mais distante de uma arte de amar. Ao nos explicar como se constitui o corpo e como funciona, anulam sua imagem. A tudo isto deve-se acrescentar a voga dos esportes, que introduziu uma confusão entre vigor e beleza, destreza física e sabedoria erótica. Não é de se estranhar a reação juvenil de nossos dias, com sua predileção pelas roupas espalhafatosas, os adornos fantásticos, os penteados decadentes ou selvagens, as pinturas e mais a falta de asseio pessoal. É melhor cheirar mal que usar a água de colônia que a televisão anuncia... Liberdade cinzenta da sociedade industrial, falsa liberdade que faz da paixão uma higiene. As posições dos corpos no *Kāmasūtra* se recortam sobre uma paisagem imaginária, o *décor* convencional da poesia *kāvya*; o pano de fundo das descrições da erotologia contemporânea é grotesco quando não macabro.

Nem tudo é higiene e *confort* na sociedade industrial desenvolvida. Além de faltar a fantasia e a voluptuosidade, há também a degradação do corpo. A ciência o reduziu a uma série de combinações moleculares e químicas; o capitalismo a um objeto de uso, como os demais produzidos pelas indústrias. A sociedade burguesa dividiu o erotismo em três campos: um, perigoso, regido pelo código penal; outro pelo ministério da saúde e bem-estar social; e o terceiro pela indústria de espetáculos. O orgasmo é a meta universal – uma das muitas da produção, e mais rápida e efêmera que a demais. A ética protestante sublimou o excremento; o capitalismo introduziu o princípio da produção racional do campo da erótica. Nos países comunistas a velha moralidade cristã cedeu lugar a uma espécie de neoconfucionismo menos letrado e mais obtuso que o dos Ch'ing. Ao falar do puritanismo soviético refiro-me ao período relativamente tolerante inaugurado por Kruschev. Nos tempos de Stalin o regime conheceu um terror não menos irracional que o do Acidente: o Desvio político. Só que o terror do Acidente tem sido até agora sobretudo de ordem psicológica enquanto que o do Desvio passou imediatamente para o domínio dos fatos: quantos milhões não morreram nos "campos de reeducação pelo trabalho" e na coletivização, para não falar nos milhares de executados durante as purgas? É útil recordá-lo de vez em quando porque o homem – sobretudo o intelectual e especialmente o intelectual de esquerda, amante dos sistemas – é um animal de pouca memória. A primeira regra de uma educação realmente livre seria a de inspirar à infância a repugnância por todas as doutrinas de "felicidade obrigatória". Seus paraísos estão cobertos de patíbulos... Na primeira metade do século XX, não contente em adotar as maneiras neutras da ciência e aplicar à sexualidade os métodos) eficazes da produção industrial em série, o signo *não--corpo* se revestiu de seu antigo traje de verdugo e interveio na política, às vezes como executor do Terceiro Reich e outras como Comissário do povo.

Perseguido pelos idolatras da abundância e pelos revolucionários, o signo *corpo* se refugiou na arte. Os restos do corpo: uma forma desfigurada pela repressão e pela cólera, martirizada pelo sentimento de culpa e pela ironia. As deformações da figura humana, na arte do passado, eram rituais; na nossa são estéticas ou psicológicas. Exemplos: o racionalismo agressivo do cubismo e a não menos agressiva emotividade do expressionismo. É a subjetividade '– racional, sentimental ou simplesmente irônica, mas sempre culpada – que se vinga. Não esqueço que a partir de Rousseau e Blake há uma linha secreta de exaltação do corpo que vem até nossos dias; também não esqueço que cada vez que ela surge na superfície histórica, é reprimida ou absorvida pela ética-estética imperante. A verdade é que a arte contemporânea não nos deu uma imagem do corpo: esta é uma missão que confiamos aos modistas e aos publicitários. Não se trata, é evidente, de um defeito da arte atual mas de uma carência de nossa sociedade. A arte revela,

*...objetos de condenação, sujeitos de conversão* [p. 104]

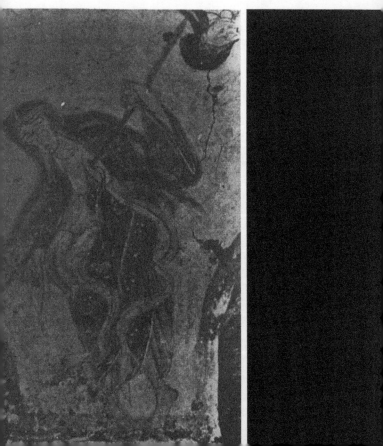

*...a última imagem da Virgem cristã.* [122]

celebra ou consagra a imagem do corpo que cada civilização inventa. Ou melhor, a imagem do corpo não se inventa: brota, se desprende como um fruto ou um filho do corpo do mundo. A imagem do corpo é o duplo da do cosmos, a resposta humana ao arquétipo universal não-humano. Cada civilização viu o corpo de uma maneira diferente porque cada uma tinha uma ideia diferente do mundo. Corpo e mundo se acariciam ou se repelem, se refletem ou se negam: as virgens de Chartres sorriem como as jovens cretenses mas seu sorriso é diferente: sorriem com outro mundo – com o outro mundo. O mesmo ocorre com a atitude reflexiva do poderoso Bodisatva de Mathura ou com a brancura saliente do San Sebastian de Mantegna, coberto de flechas. O universo se desdobra no corpo, que é seu espelho e sua criatura. Nossa época é crítica: desfez a antiga imagem do mundo e não criou outra. Por isso não temos corpo. Arte da desencarnação, como em Mallarmé, ou arte hilariante e terrível como a pintura de Marcel Duchamp. *A última imagem da Virgem cristã*, da dama ideal dos provençais e da Grande Deusa dos mediterrâneos é *La mariée mise à nu par ses célibataires, même*. O quadro se divide em duas partes: na de cima a deusa, convertida num motor; na de baixo seus adoradores, suas vítimas e seus amantes – nem Acteo, Adonis ou Marte, mas nove fantoches uniformizados de policiais, porteiros de hotel e curas. O sêmen, a essência vital dos taoístas, transformado numa espécie de gasolina erótica, que se incendeia *antes* de tocar o corpo da Noiva. Do rito ao brinquedo elétrico: uma bufonaria infernal.

A ideia de revolução foi a grande invenção do Ocidente em sua segunda fase. As sociedades do passado não tiveram realmente revoluções mais *koming*, trocas de mandato e de dinastia. Além dessas mudanças, experimentaram profundas transformações: nascimentos, mortes e ressurreições de religiões. Também nisto nossa época é única. Se esta segunda fase do Ocidente chega a seu termo, conforme afirmam muitos e conforme nos indica a própria realidade que vivemos, o indício mais claro da proximidade do fim é o que, profeticamente, Ortega y Gasset chamou de "o ocaso das revoluções". É verdade que nunca tivéramos tantas: é verdade também que nenhuma delas se ajusta à exata concepção ocidental do que seja uma revolução. Isto é capital porque, também, nenhuma outra sociedade havia feito da revolução seu ideal central. Como os primeiros cristãos à espera do Apocalipse, a sociedade moderna aguarda, desde 1840, a chegada da Revolução. E a revolução chega: não a esperada, mas outra, sempre outra. Diante desta realidade inesperada e que nos frustra, os teólogos especulam e procuram mostrar, à maneira dos mandarins confucianos, que o mandato do céu (a ideia de revolução) é o mesmo: o que ocorre é que o príncipe (a revolução concreta) é indigno do mandato. Só que há um momento em que as pessoas deixam de crer nas especulações dos teólogos. Foi isso que começou a ocorrer na segunda metade do nosso século. Assistimos agora ao desenlace: a revolução contra a revolução. Não é um movimento reacionário, nem é inspirado por Washington: é a revolta dos povos subdesenvolvidos e a rebelião juvenil nos países desenvolvidos. Nos dois casos, a ideia de revolução foi atacada no seu próprio cerne, tanto ou mais que a ideia conservadora da ordem.

Em outro texto ocupei-me do que não há outro jeito senão chamar "o fim do período revolucionário do Ocidente"[12]. Aqui reitero apenas que a ideia de Revolução – na estrita acepção do termo, tal como foi definido pelo pensamento moderno – está em crise porque sua própria raiz, seu fundamento, também está: a concepção linear do tempo e da história. A modernidade secularizou o tempo cristão e entre a tríade temporal – passado, presente, futuro – coroou o último como a potência condutora de nossas vidas e da história. Desde o século XVIII o futuro reinou no Ocidente. Hoje esta ideia do tempo termina: vivemos a decadência do futuro. Por isso é um erro considerar as agitações sociais contemporâneas como expressões do (suposto) processo revolucionário em que se fez consistir a história. Embora essas perturbações da ordem tenham sido extraordinariamente violentas e provavelmente o sejam ainda mais no futuro, não correspondem de modo algum às ideias que tírios e troianos, de Chateaubriand a Trotsky, tinham elaborado sobre o que é ou o que deva ser uma Revolução. Pelo contrário, todas essas mudanças, começando pela da Rússia e não excluindo as da China e Cuba, desmentem as previsões da teoria: nenhuma delas se deu onde deveria ter-se dado, nem seus protagonistas foram os que deveriam ter sido.

12. *Comente alterna* (terceira parte: "Revuelta, revolución, rebelión", etc.) México, 1967.

Perversa obstinação da realidade: outros lugares, outras classes e forças sociais, outros resultados. Estes acontecimentos, seja qual for sua significação última, desmentem a ideia linear da história, essa noção do transcurso humano como um processo dono de uma lógica – ou seja: um verdadeiro *discurso*.

A ideia de processo implica em que as coisas ocorram umas após as outras, ou por saltos (revolução) ou por mudanças graduais (evolução). Processo é sinônimo de progresso porque acredita-se que toda mudança se traduz, a longo ou a curto prazo, por um avanço. Ambos modos do suceder, o revolucionário e o evolutivo, correspondem a uma visão da história como marcha para... não se sabe exatamente para onde, exceto que esse *onde* é melhor que o de agora e que está no futuro. A história como contínua, inacabável colonização do futuro. Há algo de infernal nessa visão otimista da história; a filosofia do progresso é realmente uma teoria da condenação do homem, condenado a caminhar perpetuamente, ciente de que nunca chegará a seu destino final. As raízes desse modo de pensar se ligam ao sentimento judaico-cristão da culpa e sua contrapartida mítica é a expulsão do Éden original relatada na Bíblia. No jardim paradisíaco brilhava um presente sem mácula; nos desertos da história o único sol que nos guia é o sol fugidio do futuro. O sujeito dessa contínua peregrinação não é uma nação, uma classe ou uma civilização mas uma entidade abstrata: a humanidade. Como o sujeito histórico "humanidade" carece de substância, nunca se apresenta em pessoa: age através de seus representantes, este ou aquele povo, esta ou aquela classe. Persépolis, Roma ou Nova York, a monarquia ou o proletariado, *representam* a humanidade num momento ou noutro da história como um deputado representa seus eleitores – assim também como um ator representa seu personagem. A história é um teatro no qual um personagem único, a humanidade, se desdobra em muitos: servos, senhores, burgueses, mandarins, clérigos, camponeses, operários. A gritaria incoerente resulta em diálogo racional e este num monólogo filosófico. A história é discurso. Mas as revoltas do século XX violaram tanto as regras da ação dramática como as da representação. De um lado, irrupções imprevistas que perturbam a linearidade histórica: o que deveria ter ocorrido não ocorreu e o que deveria acontecer mais tarde, acontece agora mesmo; de outro, se os camponeses chineses ou os revolucionários latino-americanos são hoje os representantes do sujeito "humanidade", quem ou o que representam os operários norte-americanos e europeus, para não falar no próprio proletariado russo? Tanto uns quanto os outros, episódios e atores, desmentem o texto da peça. Escrevem outro texto – inventam-no. A história se toma improvisação. Fim do discurso e da legibilidade racional.

Às rupturas da ordem linear corresponde o que se poderia chamar de *inversão da causalidade histórica*. Darei um exemplo. Supunha-se que a revolução fosse a consequência da contradição insuperável entre as forças de produção criadas pelo capitalismo e o sistema de propriedade capitalista. A oposição fundamental era: produção social industrial/propriedade privada capitalista. Esta oposição real, material, podia ser formulada como uma dicotomia lógica entre a razão (produção social industrial) e a sem-razão (propriedade privada capitalista). O socialismo era assim o resultado do desenvolvimento econômico da era industrial e, simultaneamente, o triunfo da razão sobre a irracionalidade do sistema capitalista. A necessidade (a história) possuía o rigor da lógica, era razão encarnada. Da mesma forma, história e razão se identificavam com a moral: o socialismo era a justiça. Por fim: história, razão e moral resultaram em progresso. Mas as revoltas modernas, sem excluir a russa, não foram a consequência do desenvolvimento econômico e sim, precisamente, da ausência de desenvolvimento. Nenhuma delas eclodiu porque existisse uma contradição insuperável entre o sistema de produção industrial e o sistema de propriedade capitalista. Ao contrário, nesses países a contradição atravessava sua fase inicial, sendo, portanto, social e historicamente produtiva. Os resultados desses movimentos também foram paradoxais. Na Rússia (utilizo-me do exemplo soviético por ser o mais claro) passou-se subitamente de um incipiente capitalismo industrial para um sistema de propriedade estatal. Ao suprimir a etapa da livre concorrência, evitaram-se o desemprego, os monopólios e outras calamidades do capitalismo. Ao mesmo tempo, a contrapartida política e social do capitalismo – o sindicalismo livre e a democracia – passou literalmente em branco. Pois bem, se não foi uma consequência do desenvolvimento, o socialismo foi um método para impulsioná-lo. Dessa forma, não teve outro remédio senão aceitar a lei férrea do desenvolvimento: a poupança, a acumulação de capital (chamada, pudicamente: "acumulação do capital socialista"). Toda acumulação compreende expropriação da mais-valia e exploração dos trabalhadores; a diferença entre a acumulação capitalista e a "socialista" consistiu em que, no primeiro caso, os operários puderam associar-se e se defender enquanto que no segundo, pela ausência de instituições democráticas, foram (e são) explorados com toda liberdade por seus "representantes". O socialismo, que tinha deixado de ser sinônimo de razão histórica, também deixou de ser o de justiça. Perdeu sua dignidade filosófica e seu halo moral. As chamadas "leis históricas" se evaporaram. No melhor e mais generoso destes exemplos (Cuba), a revolta não é filha da razão histórica mas é uma tentativa da razão (moral) de se impor sobre a irracionalidade da história... A racionalidade inerente ao processo histórico se revela afinal como um mito a mais. Ou melhor: como uma variação do mito do tempo linear.

A concepção linear da história contém uma tríplice exigência. A primeira é a unidade de tempo: um presente sempre lançado para o futuro. A segunda é um único enredo: a história universal, considerada como a manifestação do Absoluto no tempo, a expressão da luta de classes ou qualquer outra hipótese semelhante. A terceira é a ação contínua de um personagem também único: a humanidade e suas máscaras sucessivas e transitórias. As revoltas e rebeliões do século XX têm revelado que o personagem da história é plural e irredutível à noção de luta de classes bem como à sucessão progressiva e linear de civilizações (os egípcios, os gregos, os romanos, etc.) A pluralidade de protagonistas mostrou, além disso, que a trama da história também é plural: não é uma linha única, são muitas e nem todas retas. Pluralidade de personagens e pluralidade de tempos em direção a muitos *ondes*, nem todos situados num futuro que se esvanece tão logo o toquemos. O ocaso do futuro é um fenômeno que se manifesta, naturalmente, lá onde brilhou como um verdadeiro sol: a sociedade ocidental moderna. Darei dois exemplos de seu declínio: a crise da noção de *vanguarda* na esfera da arte e a violenta irrupção da sexualidade. A forma extrema da modernidade na arte é a destruição do objeto; esta tendência, que se iniciou como uma crítica da noção de "obra de arte", culmina agora numa negação da própria noção de arte. O círculo se fecha, a arte deixa de ser "moderna": é um presente instantâneo. Quanto à sexualidade e ao tempo: o corpo nunca acreditou no progresso, sua religião não é o futuro mas o hoje. A emergência do presente como valor central é visível em muitas zonas da sensibilidade contemporânea: é um fenômeno ubíquo. Não obstante, se desenha com maior nitidez no movimento de rebeldia da juventude. Se a revolta das nações subdesenvolvidas nega as previsões do pensamento revolucionário sobre a lógica da história e sobre o sujeito histórico universal de nosso tempo (o proletariado), a rebelião juvenil desentroniza a primazia do futuro e desacredita tanto as hipóteses do messianismo revolucionário quanto as do evolucionismo liberal: o que apaixona os jovens não é o progresso da enteléquia chamada humanidade mas a realização de cada vocação humana concreta, aqui e agora mesmo. A universalidade da rebelião juvenil é o verdadeiro signo dos tempos: *o sinal da mudança de tempo*. É claro que essa universalidade não deve fazer-nos esquecer que o movimento da juventude tem um sentido diverso em cada país: negação da sociedade de abundância e oposição ao imperialismo, à discriminação racial e à guerra – nos Estados Unidos e na Europa; luta por uma sociedade democrática, contra a opressão das burocracias comunistas e contra a intervenção soviética – nos países "socialistas" do Este europeu; oposição contra o imperialismo ianque e os opressores locais na América Latina[13]. Mas estas diferenças, bem como outras

13. Esclareço que a rebelião juvenil do México tem características um tanto diferentes das do resto da América Latina. No México trata-se, acima de tudo, de uma reforma do sistema político inaugurado há cerca de quarenta anos, a partir do período violento de nossa Revolução, pelo Partido Nacional Revolucionário que agora se chama, significativamente, Partido Revolucionário Institucional. A fundação desse agrupamento político obedeceu a um compromisso entre as necessidades do desenvolvimento econômico e o programa democrático do movimento revolucionário. Esse compromisso pode ter sido necessário em sua origem; hoje não o é mais. Deve-se acrescentar que se converteu, inclusive, num obstáculo para a marcha pacífica do país. O regime do PRI constitui a imposição de um "estado de exceção" – a ditadura de um partido único – numa situação de normalidade. Incrustada dentro do sistema de economia mista e capitalista do país, a burocracia política mexicana exerce uma função de monopólio e usurpação do poder político e econômico, até certo ponto análoga à das burocracias comunistas do Este europeu, enxertadas na economia pública. A crise do regime mexicano se iniciou há mais de dez anos e desembocará no estancamento forçado da nação

que não menciono porque não vêm ao caso, não escondem o fato decisivo: o estilo da rebelião juvenil consiste em pôr em cheque as instituições e sistemas morais e sociais vigentes no Ocidente. Todas essas instituições e sistemas constituem o que se chama a *modernidade*, por oposição ao mundo medieval. Todas elas são filhas do tempo linear e todas são negadas agora. A negação não vem do passado mas do presente. A dupla crise do marxismo e da ideologia do capitalismo liberal e democrático possui significação igual à da revolta do mundo subdesenvolvido e à da rebelião juvenil: são expressões do fim do tempo linear.

A rapidez com que, ao contrário das antigas religiões, os movimentos revolucionários se transformam em sistemas rígidos, corresponde ao crepúsculo da ideia de revolução. A melhor definição que conheço deste processo é a de um guerrilheiro de Michoacán: "todas as revoluções degeneram em governos". A situação desta outra herdeira do cristianismo, a arte, não é melhor. Mas sua prostração não é consequência da rigidez intolerante de um sistema e sim da promiscuidade de tendências e maneiras. A arte vive e morre de seu mal congênito: o estilo. Não há arte que não engendre um estilo e não há estilo que não termine por matar a arte. Ao inserir a ideia de revolução na arte, nossa época criou uma pluralidade de estilos e de pseudo-estilos. Esta abundância redunda em outra abundância: a de estilos mortos já ao nascer. As escolas proliferam e se propagam como uma mancha esponjosa até que sua própria abundância acabe por apagar as diferenças entre uma tendência e outra; os movimentos duram o que duram os insetos: algumas horas; a estética da novidade, da surpresa e da mudança termina em imitação, tédio e repetição... O que nos resta? Em primeiro lugar, a arma dos moribundos: o humor. Como disse aquele poeta irlandês, Patrik Kavenagh, ao médico que o visitava: "I'm afraid I'm not going to die..." Resta-nos zombar da morte e assim conjurá-la. Resta-nos recomeçar.

Mais que a generosa mas nebulosa política, na rebelião juvenil me entusiasma o reaparecimento da paixão como uma realidade magnética. Não estamos frente a uma nova rebelião

ou numa mudança que equilibre o notável progresso econômico com o muitíssimo menos notável progresso na distribuição social da riqueza e com o nulo avanço em matéria de participação política. Este último aspecto foi o que se propôs a iniciar o movimento estudantil mexicano.

dos sentidos, apesar do erotismo não estar ausente nela, mas ante uma explosão das emoções e dos sentimentos. Uma procura do signo *corpo* não como cifra do prazer (embora não devamos temer a palavra prazer: é formosa em todas as línguas) mas como um ímã que atrai todas as forças contrárias que nos habitam. Ponto de reconciliação do homem com os outros e consigo mesmo; mas também, ponto de partida, para além do *corpo*, em direção ao Outro. Os moços descobrem os valores que incendiaram figuras tão opostas como Blake e Rousseau, Novalis e Breton: a espontaneidade, a negação da sociedade artificial e de suas hierarquias, a fraternidade não só com os homens mas também com a natureza, a capacidade de se entusiasmar e também de se indignar, a faculdade maravilhosa – a faculdade de se maravilhar. Numa palavra: o coração. Neste sentido sua rebelião é diferente das que a precederam neste século, exceção feita à dos surrealistas. A tradição destes jovens é mais poética e religiosa que filosófica e política; como o romantismo, com o qual tem mais de uma analogia, sua rebelião não é tanto uma dissidência intelectual, uma heterodoxia, mas uma heresia passional, vital, libertária. É bem verdade que, com frequência, a ideologia juvenil seja uma simplificação e uma redução acrítica da tradição revolucionária do Ocidente, sendo ela própria escolástica e intolerante. A infecção do espírito de sistema atingiu muitos grupos que postulam com arrogância teses autoritárias e obscurantistas como o maoísmo e outros fanatismos teológicos. Abraçar como filosofia política o "marxismo à chinesa" e querer aplicá-lo às sociedades industriais do Ocidente é, ao mesmo tempo, grotesco e desolador. Mas não é a ideologia dos jovens e sim sua atitude aberta, antes sua sensibilidade que seu pensamento, o que é realmente novo e único. Creio que neles e por eles desponta, ainda que obscura e confusamente, outra possibilidade do Ocidente, algo não previsto pelos ideólogos e que só uns poucos poetas vislumbraram. Algo ainda sem forma como um mundo que amanhece. Ou seria isto uma ilusão nossa e estes distúrbios os últimos fulgores de uma esperança que se

Ouvir qualquer ator ou testemunho vivo da revolta de maio de 1968 em Paris é uma experiência que põe à prova nossa capacidade de julgar com objetividade. Em todos os relatos que ouvi aparece uma nota surpreendente: o tom ao mesmo tempo apaixonado e desinteressado da revolta, como se a ação se confundisse com a representação: o motim convertido numa festa e a discussão política numa cerimônia vizinha, num extremo, do teatro épico e, no outro, da confissão pública. O segredo do fascínio que o movimento exerceu sobre todos aqueles que, mesmo como espectadores, se aproximaram de suas manifestações, residiu em sua tentativa de unir a política, a arte e o erotismo. Fusão da paixão privada e da paixão pública, contínuo fluxo e refluxo entre o maravilhoso e o cotidiano, o ato vivido como uma representação estética, conjunção da ação e sua celebração. Reunião do homem com sua imagem: os reflexos do espelho transformados em outro corpo luminoso. Experiência da verdadeira conversão: não apenas uma mudança de ideias mas de sensibilidade; mais que uma modificação do ser, um *tornar a ser*. Uma revelação social e psíquica que por alguns dias dilatou os limites da realidade e estendeu o domínio do possível. O regresso à origem, ao princípio do princípio: sermos nós mesmos ao estar com todos. Recuperação da palavra: minhas palavras são tuas, falar contigo é falar comigo. Ressurgimento de tudo aquilo – a comunhão, a transfiguração, a transformação da água em vinho e da palavra em corpo – que as religiões reclamam como seu mas que é anterior a elas e que constitui a outra dimensão do homem, sua outra metade, seu reino perdido. O homem, perpetuamente expulso, precipitado no tempo e em busca de *outro* tempo – um tempo proibido, inacessível: o agora. Não a eternidade das religiões mas a incandescência do instante: consumação e abolição das datas. Qual é a porta de entrada para esse presente? André Bieton falou uma vez da possibilidade de inserir na vida moderna um *sagrado extra-religioso*, composto pelo triângulo: amor, poesia e rebelião. Esse sagrado não pode emergir senão do fundo de uma experiência coletiva. A sociedade deve manifestá-lo, encarná-lo, vivê-lo e, assim, viver-se, consumar-se. A revolta como caminho para a Iluminação. Aqui e agora: salto para a outra margem.

Nostalgia da Festa. Mas a Festa é uma manifestação do tempo cíclico do mito, é um presente que regressa, enquanto que nós vivemos no tempo linear e profano do progresso e da história. Talvez a revolta juvenil seja uma Festa vazia, o chamamento, a invocação de um acontecimento sempre futuro e que jamais se fará presente – jamais será. Ou talvez seja uma comemoração: a Revolução já não aparece como a evasiva iminência do futuro mas como um passado ao qual não podemos voltar nem tampouco abandonar. Num caso e no outro, não está aqui, mas adiante, sempre adiante. Possuída pela memória de seu futuro ou de seu passado, pelo que foi ou pelo que pôde ter sido – não, possuída não: desabitada, vazia: órfã de sua origem e de seu futuro – a sociedade os afaga. Ao afagá-los, os exorciza: durante algumas semanas ela própria se nega nas blasfêmias e nos sacrilégios de sua juventude para logo afirmar-se mais completa e cabalmente na repressão. Magia mimética. Vítima ungida pelo prestígio ambíguo da profanação, a juventude é o bode expiatório da cerimônia: nela, depois de se ter autoprofanado, a sociedade castiga a si própria. Profanação e castigo simbólicos: tudo é uma representação, mesmo se, como ocorreu a 2 de outubro de 1968 na Praça de Tlatelolco no México, a cerimônia moderna evoca (repete) o rito asteca: centenas e centenas de rapazes e moças imolados sobre as minas de uma pirâmide, pelo Exército e pela Polícia. A literalidade do rito – a realidade do sacrifício – acentuam cruelmente o caráter irreal e expiatório da repressão: o regime mexicano castigou nos jovens seu próprio passado revolucionário. Mas não é esta a ocasião de tratar do caso do México... O que me interessa destacar agora é um fenômeno não menos universal que a revolta de estudantes: a atitude da classe operária e dos partidos que a representam ou dizem representá-la.

Nos diversos casos e em todos os países os operários não participaram do movimento, exceto como aliados momentâneos e a *contre-coeur*. Indiferença dificilmente explicável, salvo se aceitarmos uma destas duas hipóteses: ou a classe operária não é uma classe revolucionária ou a revolta juvenil não se insere dentro do quadro clássico da luta de classes (seria apenas um de seus epifenômenos). Na verdade, estas duas explicações são apenas uma e a mesma: se a classe operária (já) não é revolucionária e, não obstante, longe de se atenuar, se aguçam os conflitos e as lutas sociais, se, além disso, o recrudescimento destas lutas não coincide com uma crise econômica mas com um período de abundância; se, por fim, não apareceu uma nova classe mundial e explorada que substitua o proletariado em sua missão revolucionária... é evidente que a teoria da luta de classes não pode dar conta dos fenômenos contemporâneos. Não que seja falsa: é insuficiente e devemos buscar outro princípio, outra explicação. Alguns me dirão que os países subdesenvolvidos são o novo proletariado. É quase ocioso replicar: nem é novo o fenômeno da dependência colonial. (Marx o conheceu) nem esses países constituem uma classe; por esta razão e também por sua heterogeneidade social, econômica e histórica, não têm nem podem elaborar programas e planos universais como os de uma classe, um partido ou uma igreja internacionais. Quanto à juventude, nenhuma argúcia dialética nem artifício algum da imaginação poderá transformá-la numa classe social. Daí que, do ponto de vista das doutrinas revolucionárias, o que resulta realmente pouco explicável é a atitude dos jovens: nada têm a ganhar, nenhuma filosofia os nomeou agentes da história e não expressam nenhum princípio histórico universal. Situação estranha: estão alheios ao drama real da história como o cordeirinho bíblico estava alheio ao diálogo entre Jeová e Abraão. A estranheza desaparece se levarmos em conta que, como em todo rito, a vítima é uma representação, ou melhor, uma hipostasia das antigas classes revolucionárias.

O mundo moderno nasceu com a revolução democrática da burguesia que nacionalizou e coletivizou, por assim dizer, a política. Ao abrir à coletividade uma esfera que até então tinha sido o domínio fechado de alguns, acre ditou-se que a politização geral (a democracia) teria como consequência imediata a distribuição do poder entre todos. Embora a democracia, pelo artifício dos partidos e pela manipulação dos meios de informação, tenha se convertido num método de poucos para controlar e fortalecer o poder, os fantasmas da democracia revolucionária nos habitam: todos esses princípios, crenças, ideias e formas de viver e de sentir que deram origem a nosso mundo. Nostalgia e remorso. Daí que, provavelmente, a sociedade celebre custosos e às vezes sangrentos rituais revolucionários. A cerimônia comemora uma ausência ou, mais exatamente, convoca, conjura e castiga, tudo ao mesmo tempo, uma Ausente. A Ausente tem um nome público e outro secreto: o primeiro é Revolução e alude ao tempo linear da história; o outro é Festa e evoca o tempo circular do mito. São um e o mesmo: a Revolução que retoma é a Festa, o princípio do princípio que regressa. Só que não retomam realmente: tudo é pantomima e, no dia seguinte, jejum e penitência. Festa da deusa razão – sem Robespierre nem guilhotina mas com gás lacrimogêneo e televisão. A Revolta como orgia verbal, saturnal de lugares-comuns. Náuseas da Festa.

Ou seria a rebelião juvenil mais um indício de que vivemos um *fim dos tempos*? Já disse o que penso: o tempo moderno, o tempo linear, homólogo das ideias de progresso e história, sempre lançado em direção ao futuro; o tempo do signo *não-corpo*, empenhado em dominar a natureza e reprimir os instintos; o tempo da sublimação, da agressão e da automutilação: nosso tempo – termina. Creio que entramos em outro tempo, num tempo que ainda não revela sua forma e do qual não podemos dizer nada exceto que não será nem tempo linear nem cíclico. Nem história nem mito. O tempo que retoma, se é que efetivamente vivemos uma volta dos tempos, uma revolta geral, não será nem um futuro nem um passado mas um presente. Pelo menos é isso que, obscuramente, reclamam as rebeliões contemporâneas. Também não pedem algo diferente a arte e a poesia, se bem que às vezes os artistas e os poetas o ignorem. O regresso do presente: o tempo que desponta se define como um *agora* e um *aqui*. Por isso é uma negação do signo *não-corpo* em todas suas versões ocidentais, as religiosas ou ateias, as filosóficas ou políticas, as materialistas ou idealistas. O presente não nos projeta em nenhum além – coloridas eternidades do outro mundo ou paraísos abstratos do fim da história – mas na medula, no centro invisível do tempo: aqui e agora. Tempo carnal, tempo mortal: *o presente não é inatingível, o presente não é um território proibido*. Como tocá-lo, como penetrar em seu coração transparente? Não sei e creio que ninguém saiba... Talvez a aliança da poesia e da rebelião nos dê a visão. Em sua conjunção vejo a possibilidade do regresso do signo *corpo*: a encarnação das imagens, o regresso da figura humana, radiante e irradiante de símbolos. Se a rebelião contemporânea (e não penso apenas na dos jovens) não se dissipar numa sucessão de algazarras ou não degenerar em sistemas autoritários e fechados, se articular sua paixão na imaginação poética, no sentido mais livre e amplo da palavra poesia, nossos olhos incrédulos serão testemunho do despertar e volta a nosso abjeto mundo dessa realidade, corporal e espiritual, que chamamos *presença amada*. Então o amor deixará de ser a experiência isolada de um indivíduo ou de um par, uma exceção ou um escândalo... Pela primeira e última vez aparecem nestas reflexões a palavra *presença* e a palavra *amor.* Foram a semente do Ocidente, a origem de nossa arte e de nossa poesia. Nelas está o segredo de nossa ressurreição.

Délhi, de setembro a outubro de 1968;
Pittsburg e Chatam, de julho a agosto de 1969.

# ÍNDICE DAS ILUSTRAÇÕES

*O Fenômeno.* Gravura de Posada. México, Instituto Nacional de Belas-Artes .. 14

*A Vênus do Espelho.* Quadro de Velázquez. Londres, National Gallery.. 15

*O Bezerro de Ouro.* Capa do suplemento do *Petit Journal* de Paris, 31 de dezembro de 1892 .................................. 28

*Finis Gloriae Mundi.* Quadro de Valdés Leal. Sevilha, Hospital de la Caridad ............................. 29

Escritura cúfica em um muro de Qtab Minar, Délhi............................. 36

Par da caitya de Karli, séc. II a.C. (Cf. H. ZIMMER, *The Art of índia Ásia*).... 37

Candra Yaski da estupa de Bhãrhut (*ibidem*)............................. 44

*A Tumba do Tempo*, cultura mexicana, séc. XIV-XVI. México, Museu Nacional de Antropologia .................................. 45

*Eva.* Relevo da Igreja de Saint-Lazare em Autun, h. 1125-1130................ 74

*Iogue com seis çakras.* Escola Kangra, séc. XVIII (Cf. AJIT MOOKERJEE, *Tantra Art*).................................. 75

Moças lendo um *Tratado do leito.* De um livro de estampas de Wu Yu, séc. XIX (Cf. R. H. VAN GULIK, *Sexual life in Ancient China*).... 90

*Moça buscando estímulo sexual sobre uma árvore.* Estampa de um álbum chinês do séc. XVIII. (Cf. PHILIP RAWSON, *Erotic Art of the East*)..... 91

*O equilíbrio do princípio masculino e feminino.* Ilustração do *Hsin-ming-kuei-chih*, séc. XVII (Cf. R.H. VAN GULIK, *op. cit.*).................... 95

*Par de amantes.* Miniatura hindu, Rajastan, séc. XVIII (Cf. MUL RAJ ANAKD, *Kama Kala*) .................................. 97

*A luxúria.* Afresco da Igreja de Tavant, séc. XII........................................ 120

*La Mariée mise à nu par ses célibataires, même...* O *Grande Vidro* de Marcel Duchamp. Coleção Louise e Walter Arensberg. Filadélfia, Museu de Arte.................................. 121

135

Este livro foi impresso em Cotia,
nas oficinas da Meta Brasil,
para a Editora Perspectiva.